한·중 언어문화론

韓·中言語文化論

한·중 언어문화론

韓·中言語文化論

초판 1쇄 발행 | 2014년 12월 26일
초판 2쇄 발행 | 2015년 9월 25일

공 저 | 허세립(許世立) · 천소영(千素英)

발 행 인 | 김남석
편 집 이 사 | 김정옥
편집디자인 | 최은미
전   무 | 정만성
영 업 부 장 | 이현석

발행처 | ㈜대원사
주 소 | 135-945 서울시 강남구 양재대로 55길 37, 302
전 화 | (02)757-6711, 6717~9
팩시밀리 | (02)775-8043
등록번호 | 제3-191호
홈페이지 | http://www.daewonsa.co.kr

ⓒ 허세립(許世立) · 천소영(千素英), 2014

값 13,000원

Daewonsa Publishing Co., Ltd
Printed in Korea 2014

ISBN | 978-89-369-0831-7

국립중앙도서관 출판시 도서목록은 e-CIP홈페이지(http://www.nl.go.kr/ecip)에서
이용하실 수 있습니다. (CIP제어번호 : 2014031175)

한·중 언어문화론

韓·中言語文化論

허세립(許世立)·천소영(千素英) 공저

대원사

머리말

　현대 사회를 가리켜 '문화의 시대'라 한다. 인간 생활의 필수 요소인 언어는 여기서 말하는 문화와 어떤 관계에 있는 것일까? 문화라는 범주 안에는 다양한 요소들이 녹아 있겠으나 그 중에서도 언어 현상이 차지하는 비중은 실로 지대하다. 이를 감안하여 본 저서에서는 '언어문화'라는 용어를 표제어(標題語)로 삼고자 한다. 그리하여 '문화'라는 큰 틀 속에서도 특히 언어 현상에 초점을 맞추어 한 · 중 두 나라의 그것을 상호 비교 · 분석해 보기로 하였다.

　최근 들어 한국, 한국인에 대한 세계인의 인식이 날로 새로워지고 그 위상 또한 높아지고 있다. 특히, 얼마 전 한국 정치 지도자의 방중을 계기로 한 · 중의 양국 관계는 더욱 친근하게 되었다. 한국은 그 동안 고도의 경제 성장을 이루어 왔으며 국제사회에서의 역할 또한 나날이 증대되고 있다. 한국, 한국인의 이러한 부상에 힘입어 '한류'로 대변되는 한국문화, 그 중에서도 한국어에 특히 관심이 날로 고조되고 있음은 당연한 현상이라 하겠다.

　이 책은 한국어를 학습하고자 하는 중국인을 대상으로 편찬되었다. 하지만 중국어를 접해 보려는 한국인에게도 양국의 언어를 이해하는 데 도움이 되리라 믿는다. 외국어 학습에 있어서 목표 언어만의 습득으로는 소정의 성과를 기대하기 어렵다. 어떤 언어든 그 안에 내재(內在)되어 있는 고유의 언어문화를 함께 이해 내지는 수용해야만 하기 때문이다.

외국어 학습자는 우선적으로 해당 언어를 생성·발전시켜 온 민족이나 국가의 지리적인 환경 및 사회·문화적인 배경, 즉 언어문화를 이해하고 이를 받아들이지 않으면 안 된다. '어학연수'라는 현지 학습방법이 강조되는 이유도 여기에 있다. 외국어 학습이 다 그렇듯 한국어 학습에도 먼저 '한국어 사랑'이 전제되어야 한다. 말하자면 한국과 한국인, 나아가 한국문화에 대한 폭넓은 이해를 바탕으로 이에 대한 긍정적인 수용이 뒷받침될 때 소기의 성과를 거둘 수 있다.

한·중 양 국어가 전혀 다른 언어 체계임은 주지의 사실이다. 두 나라 언어는 우선 계통적으로 다를 뿐 아니라, 기본적인 언어 구조에서도 확연한 차이를 보인다. 이 같은 사실은 15세기에 '한글'을 창제하신 세종(世宗) 임금의 『훈민정음(訓民正音)』 서문에서도 잘 드러나 있다. "나라말, 곧 한국어는 중국어와 달라서 문자, 곧 한자(漢字)와는 서로 통하지 않는다."는 전제가 바로 그것이다.

한국은 일찍이 중국의 표의문자(表意文字)인 한자를 받아들여, 소위 말하는 '한자문명권(漢字文明圈)'의 일원이 되었다. 그런 이유로 두 나라 언어가 같거나 비슷할 거라고 잘못 생각할 수도 있다. 한·중 양 국어는 기본 언어 구조가 다를 뿐 아니라 실제 통용되는 한자의 자형 자체도 다름을 알아야 한다.

또 다른 한자문화권에 속하는 일본의 경우도 한국과 별반 다름이 없다. 물론 한·일 양국도 나름으로 필요한 약자(略字)를 만들어 쓰기는 한다. 하지만 본래의 자형(字形, 字体)인 정자(正字, 소위 繁体字) 사용을 원칙으로 한다. 이는 국가 언어정책에 의해 간체자가 통용되고 있는 중국 대륙과는 사정이 다르다. 한자의 자형 말고도 자국어 표기법에서 한·일 양국은 띄어쓰기나 문장부호의 사용에 철저하다는 점도 이를 배우려는 중국 학생들이 유념해 두어야 할 사항이다.

이 책은 한국어와 중국어의 기본 특징, 그리고 양어를 상호 비교·분석하는 데 주안(主眼)점을 두었다. 한자문명권에 속하면서도 엄연히 구분되는 양국 언어의 차이점을 부각시키기 위해서다. 본저(本著)에서는 두 언어문화의 차이를 보이기 위해 한국어 전공자와 중국어 전공자가 동참하게 되었다. 다행인 것은 각기 다른 언어의 전공자가 함께 같은 교정에 머물면서 상호 논의 하에 집필 작업을 진행시킬 수 있었다는 점이다.

두 사람이 함께 엮어 내는 공저(共著) 작업이 과연 어느 정도의 균형과 조화를 이루었는지에 대해서 지금으로서는 자신할 수가 없다. 다만, 이 책이 양 국어의 언어 배경을 다루는 비교언어학적인 접근이란 점에서 새로운 시도이자 도전이라 자부하고 싶다. 본저의 내용 중 잘못 이해했거나 부족한 부분이 있다면 이는 향후 적절히 수정 · 보완될 것이다. 양국의 언어 대비 분야에 관심 있는 강호제현의 고견과 따끔한 질정(叱正)을 기다리고 있다.

중국, 길림대학(吉林大學) 주해(珠海) 캠퍼스에서

허세립(許世立) · 천소영(千素英) 함께 씀.

2장 한국어와 한국문화

3장 중국어와 중국문화

4장 한·중 양 국어 비교의 실제

1장
언어와 문화

언어의 이해

문화의 이해

언어의 이해

1. 말(言語)에 대한 인식

언어(言語)를 한국의 고유어로는 말이라 한다. 고유어 '말'이나 한자어 '언어'는 모두 같은 뜻을 가졌지만 전자보다는 후자가 더 전문적인 용어(用語, 術語)로 인식된다. 언어·말, 의미·뜻의 경우처럼 한국어 어휘에는 고유어와 한자어가 공존해서 쓰이는 예가 많다. 이럴 경우 대체로 한자어를 전문·학술 용어로 택하게 되어 있다.

사람은 하루 중 한 마디 말도 하지 않고 살아갈 수는 없다. 인간의 삶을 생존(生存)과 생활(生活)이란 두 측면에서 본다면 생존을 위해서는 대기(大氣) 중의 공기를 호흡해야 한다. 마찬가지로 생활을 위해서는 '언어라는 대기' 속에서 말을 하지 않고는 살아갈 수가 없다. 언어행위가 없는 사회생활은 상상할 수 없기 때문이다.

한국인들은 생활 자체를 "먹고산다"라고 말하기도 한다. 사람이 살기 위해서는 그만큼 먹는 일이 중요하다. 하지만 중요하기로 치면 '말하는 일' 또한 결코 이만 못지않다. 따라서 '먹고산다'는 말 이외에도 **'말하고 산다'**는 표현 또한 생겨날 만도 하다. 이처럼 말하는 일, 곧 언어 구사는 생활을 위한 필수 요건이 되는 것이다.

인간의 삶과 언어 사용의 관계를 '언어의 바다에서 헤엄치며 노니는 물고기'에 비유할 수 있겠다. 물고기는 물을 떠나서는 잠시라도 살아남을 수가 없다. 마찬가지로 인간은 언어라는 바다를 떠나서는 하루라도 정상적인 삶을 영위할 수가 없다. 고로 인간을 '말하는 동물(Talking-animal)'이라 규정짓기도 한다. 학명(學名)으로 '호모 사피엔스(Homo-sapiens)'에 해당된다. 이는 또한 '언어적 인간'이란 의미의 '호모 로쿠엔스(Homo-loquens)'와도 통하는 용어다. 이렇듯 언어 구사는 인간의 조건이라고 해도 지나친 말은 아닐 것이다.

인간의 언어는 '말'이라고 하는 **음성언어**(音聲言語, Spoken language)와 '글'이라고 하는 **문자언어**(文字言語, Written language)로 대별된다. 이 중 음성언어가 단연 우선시되며, 문자언어는 부차적인 것으로 훨씬 후대에 생겨난 산물이다. 언어에 관한 두 번의 큰 변화(혁명)가 있었는데, 이는 인류 문명사에서 하나의 큰 획(劃)을 긋는 일이었다. 그 하나는 '생각의 소리화', 곧 음성언어의 출현이다. 이를 흔히 제1혁명이라 하고, '소리의 시각화', 곧 문자의 발명을 제2혁명이라 일컫는다.

한국인에게 한국어는 자신들만의 생각과 정서를 담는 고유한 그릇이다. 뿐만 아니라 그 말을 담아낼 수 있는 그릇, 곧 **한글**이라는 고유문자를 가졌음을 무한한 자랑으로 여긴다. 중국인 역시 고유 언어인 중국어와, 그 말을 담아 적을 수 있는 **한자**(漢字)라는 고유문자를 가졌다. 이를 두고 두 나라 모두 '문명 독립국'이라 불러도 좋을 듯하다. 어느 한 나라, 어느 한 민족이 고유 언어와 고유문자를 가졌다는 사실처럼 자랑스럽고 소중한 일은 없을 것이기 때문이다.

오늘날의 지구촌은 영어가 세계 공용어 역할을 하고 있다. 이런 시류(時

流)에 부응이라도 하듯 세계의 어린이들은 젖 떼기가 무섭게 영어 학습에 매달린다. 각국의 어린이들은 모국어가 그들의 뇌리에 뿌리내리기도 전에 이질적인 외래어부터 접하게 되는 것이다. 이런 풍조에 동조라도 하듯 영어의 공용화와 조기교육을 주창하는 이들은 필요 이상으로 영어의 우수성을 강조하려 든다. 이런 과정에서 은연중에 영어야말로 가장 우수한 언어라는 인식을 심어 주지 않을까 염려된다.

어떤 언어든 개별 언어 간의 우월성(優越性)이나 그 수준은 논할 만한 것이 못 된다. 영어 교육의 필요성은 인정할 수밖에 없지만 그렇다고 그 언어의 우월성만은 결코 내세워서는 안 된다. 흔히 말하길, 개별 언어의 다양성 내지 추상성(抽象性)은 해당 언어권의 문화 발전도와는 무관한 것으로 인식되고 있다. 다만, 개별 언어는 해당 지역의 기후나 풍토 등과 같은 생활환경이나 그 민족이 살아가는 삶의 방식에 따른 그들 언어의 특성만이 강조될 따름이다.

말은 의사소통의 도구이자 수단일 뿐 아니라 말하는 이가 자신이 누구인가를 밝히는, 일종의 '동일인 증명'이 되기도 한다. 교양 있는 사람은 그가 하는 말도 품위가 있을 터이고, 경박한 사람의 언행이라면 이보다 더 가벼울 것이다. 참으로 한 사람의 사람됨〔人品〕은 그 생김새나 옷차림에서가 아니라 그가 내뱉는 언행(言行)에서 더욱 분명히 드러나기 마련이다.

2. 말이란 무엇인가

인간은 늘 '언어의 바다'에서 노닐면서도 막상 "언어가 무엇이냐?"라는 물음에는 선뜻 답하지 못한다. 말이란 무엇인가에 대해서는 한마디로 답하기 어렵기 때문이다. 한 '언어학 입문서'에는 다음과 같이 언어를 **정의**(定義)하고 있다.

언어란 사회 구성원들이 서로 교류하고 협력하기 위해서 사용하는 자의적(恣意的) 음성기호(音聲記號)의 체계(體系)이다.

참으로 짧으면서도 명료한 정의인 것 같으나 이것 역시 완전하다고는 생각되지 않는다. 인간의 언어를 더 깊게 이해하기 위해서는 더 많은 추가 설명이 필요하다. 언어는 어디까지나 인간사회에서만 존재한다. 인간의 언어행위는 개인적으로는 **사고**(思考)의 **도구**가 되고, 사회적으로는 인간 상호 간 **의사소통**(意思疏通)의 수단이 된다. 의사소통을 뜻하는 영어의 '커뮤니케이션'은 '공유(公有)하다'라는 라틴어 동사 '커뮤니카레(Communicare)'에서 유래한다. 언어라는 수단을 통해 대중이 공유하는 과정을 거쳐 자신의 존재를 알게 된다. 곧 자신의 생각을 전달하고 대상 세계를 받아들이면서 그 세계와의 관계를 유지해 나가는 것이다.

언어 정의에 대해서 학술적 접근보다는 현실적 접근이 오히려 더 효과적일 수 있다. 이렇게 말하면 어떨까? 말[言語]은 사람의 생각을 담는 그릇이요, 분위기나 느낌을 가시적(可視的)으로 그려 내는 **그림**이다. 말은 또한 사상의 **집**이요, **옷**이다. 이것은 사회 문화의 척도가 되며, 그것을 재는 저울이 될 수도 있다. 화가는 백지 위에 구상하는 형상을 선과 색채로 그려 낸다. 마찬가지로 인간은 '언어'라 불리는 '말소리'와 '글자'를 통해 자신의 생각과 느낌을 그려 내는 것이다.

그러나 무엇보다 말은 곧 그릇이라는 정의가 보다 현실적인 공감을 불러온다. 참으로 언어는 사고(思考)를 담는 그릇이요, 정서(情緒)를 담는 그릇일 뿐 아니라, 나아가 한 사회의 문화(文化)를 담아 전하는 그릇이다. 말하자면 인간의 생각을 담는 그릇이 바로 말이며, 그 말을 담아내는 그릇이 바로 글인 것이다.

언어를 표현 수단으로 하는 예술이 곧 문학(文學)이다. 문학에서 내려지는 언어 정의는 이보다 더 상징적이다. 작가들은 말한다. 언어는 '정신의 지문(指紋)이요, 정(情)의 표출'이라고. 그러면서 인간의 가슴속에 갈무리하고 있는 그 무엇을 '정'이라 한다면 이를 밖으로 드러낸 형태는 바로 '말'이라고 한다. 다시 말하면, 인간은 하늘의 정기를 받아 이 땅에 태어난 존재들인데, 신체를 맡아 다스리는 형체가 '마음'이라면, 그 마음이 밖으로 표출되어 나온 게 '언어'라는 것이다.

3. 말의 뿌리〔言語系統論〕

1) 공통 조어(祖語)와 어족(語族)

어느 특정 언어에 대한 내력을 더듬어 보면 그 언어를 물려준 조상들의 삶에 대해서도 관심을 갖게 된다. 이는 바로 특정 언어의 뿌리〔系統〕에 관한 호기심으로, 그 언어가 기원적(起源的)으로 어디에서, 어떠한 과정을 거쳐 내려왔는가 하는 것들이다. 곧 그 언어가 어떤 **어족**(語族, Language-family)에 속하며, 그 어족에 속한 다른 언어와 어느 정도의 **친족 관계**(親族關係)를 가지는가 하는 것 등의 문제이다. 또 그 언어가 언제까지 같은 언어였으나 어느 시기에 갈려 나왔는가 하는 것 따위도 여기 포함된다. 이와 같이 한 언어의 기원을 밝히는 연구를 **계통론**(系統論)이라 한다.

어느 한 언어의 계통을 밝히려면 같은 어족에 속하는 타 언어들과 비교해 보아야 한다. 가령 한국어의 계통을 알고자 하면 만주어나 몽골 어, 또는 터키 어 등과 비교하여 이들이 동일 어족에 속한다는 증거를 찾아내야 한다. 아울러 이들이 분화(分化)되기 이전의 모습, 곧 **공통조어**(共通祖語)의 모습까지 재구(再構)하는 작업을 거쳐야 한다. 이처럼 다른 언어와의 비교를 통하여 특정 언어의 계통을 밝히는 연구 분야를 **비교언어학**(比較言語學)이라 한다. 언어 계통론이 특정 언어에 초점을 맞춘다면 비교언어학은 그런 제약이 없다는 점에 차이가 있다.

2) 한국어와 중국어의 계통설

한 언어의 기원은 대체로 해당 민족의 기원과도 일치한다. 따라서 한국어의 기원(계통)을 밝히는 일은 바로 한민족(韓民族)의 뿌리를 찾는 일과 직결된다. 한국어는 오랜 세월 운명적으로 한민족이 걸어온 길을 함께 걸어왔으니, 한국어의 역사는 곧 한민족의 역사라 할 수 있다.

한국어의 계통에 대해서는 지금까지 두 가지 학설이 제기되었다. 하나는 한반도(조선반도)의 북에서 육로로 들어왔다는 '북방계 유입설'과 남쪽에서 해상을 통해 들어왔다는 '남방계 유입설'이 그것이다. 북방계로는 길약어 계통이나 고(古)아시아 어 계통, 알타이 계통설 등이 있다. 이 중에서도 한국어는 몽골 어, 퉁구스 · 만주어와 함께 **'알타이 어족**(Altaic-family)'에 속한다는 주장이 크게 관심을 끌었다.

그러나 최근에 이르러 한국어 계통 문제에 대해서는 논의가 중단된 상태에 있다. 새로운 자료가 발굴되지 않아 더 이상 이 가설을 입증할 수 없었기 때문이다. 게다가 또 다른 설의 제기가 없었던 만큼 종래의 가설이나 증명 단계를 넘어설 수 없는 한계성 탓이다.

따라서 알타이 어족으로 대표되는 북방계 유입설이나 드라비다 어족으로 대표되는 남방계 유입설은 지금까지도 여전히 불확실한 상태로 남을 수밖에 없다.

현 단계에서 한국어의 계통은 한민족의 계통설처럼 여러 요소가 섞였다고 볼 수밖에 없을 것 같다. 말하자면 '다층적 혼효설(混淆說)'이라고 할까, 정도의 차이는 있으나 한국어는 이처럼 여러 계통의 언어가 혼합되었을 가능성이 농후하다. 말하자면 여러 언어 요소가 뒤섞인 채로 오랜 세월 변화를 거듭한 결과, 오늘날과 같은 한국어를 형성하게 되었다고 보는 것이다.

한국어 계통설의 불확실성에 비해 중국어의 그것은 비교적 명료한 편이다. 학계에서는 중국어가 '지나 · 티베트 어족(Sino-Tibetan family)'에 속한다고 말한다. 여기서 '지나(支那, Sino)'는 물론 중국을 지칭한다. 이 명칭에서 보여 주듯 중국어는 이 어족의 한 분파(分派)에 속한다.

참고로 계통적으로 한국어가 속하는 알타이 어족과 중국어가 속하는 지나 · 티베트 어족을 제외하고 그 외 세계의 다른 어족들의 현황을 소개하면 다음과 같다.

인도 · 유럽 어족(Indo-European family)

때로 '인도 · 히타이트 어족(Indo-Hitite family)'으로도 불리나 보통은 '인구어족(印歐語族)'으로 통칭된다. 현재 세계에서 가장 막강한 힘을 과시하며, 세계 인구의 절반이 사용하는 140개의 언어가 이 어족에 속한다. 인도와 유럽에 퍼져 있는 인구어족은 다시 다음과 같은 몇 개의 어파(語派 Branch)로 나눈다.

① 인도 · 이란 어파(Indo-Iranian branch) – 힌두 어, 우르두 어, 벵갈 어, 페르시아 어 등

② 발토 · 슬라브 어파(Balto-Slavic brach) – 러시아 어, 폴란드 어, 체코 어, 불가리아 어, 우크라이나 어, 리투아니아 어, 라트비아 어

③ 로만스 어파(Romance branch) – 에스파니아 어(스페인 어), 포르투갈 어, 프랑스 어, 이탈리아 어 등

④ 게르만 어파(Germanic branch) – 영어, 독일어, 네덜란드 어, 덴마크 어, 스웨덴 어, 노르웨이 어 등

핀 · 우그리아 어족(Fino-Ugric family)

종전에는 이들 어족과 알타이 어족을 합하여 '우랄 · 알타이 어족(Ural-Altaic family)'이라 칭했다. 그러나 20세기에 와서 이들을 분리시킨다. 핀란드 어, 에스토니아 어, 헝가리 어 등이 이에 속한다.

드라비다 어족(Dravidian family)

인도 남부 지역에서 널리 쓰인다. 텔루구 어, 타밀 어 등

오스트로네시아 어족(Austronesian family)

종전에는 '말레이 · 폴리네시아 어족(Malayo-Polynesian family)'으로 불리어 왔다. 1000개에 달하는 언어로, 인구어족 다음으로 가장 넓은 지역에 분포한다. 자바 어, 슨드라 어, 말레이 어, 필리핀 어 등이 이에 속한다.

아프리카 · 아시아 어족(Afro-Asiatic family)

종래 '햄 · 셈 어족(Hamito-Semitic family)'으로 불리었다. 히브리 어, 아

랍 어가 속한 셈 어파(Semic branch)가 비교적 유명하다.

니제르 · 콩고 어족(Niger-Congo family) 기타
서(西)아프리카와 적도(赤道) 이남의 아프리카 여러 지역에 널리 분포되어 있는 언어. 그러나 아프리카 언어에 대해서는 아직 충분히 연구되지 않은 상태다.

문화의 이해

1. 문화란 무엇인가

식문화, 의상문화, 주거문화, 교통문화, 오락(레저, 놀이)문화, 사교문화, 음주문화 등등 오늘을 살아가는 현대인들은 마치 문화의 전성시대를 맞은 듯하다. 이처럼 '문화'라는 용어가 '약방의 감초' 격이 된 것은 그리 오래된 일은 아니다.

문화(文化)란 말이 한자어이다 보니 그 뿌리 역시 중국어에서 찾아야 할 것 같다. 중국에서 생성된 '문화'가 일본을 거치면서 오늘날의 '문화'로 거듭나게 된 것이다. 이 용어에 대한 여러 설이 있지만 그 중에서도 중국 고전(古典)에 나오는 '문치교화(文治敎化)'를 그 기원어로 보고 있다. '문치교화(文治敎化)'란 말은 강제나 형벌에 의하지 않으면서 백성을 교화시킨다는 뜻이다. 그런데 19세기 일본에서 셰익스피어 희곡을 번역하는 과정에서 영어의 'Culture'를 '문명개화(文明開化)'로 해석하여 '문화(文化)'로 줄여서 쓰게 되었다. 따라서 '문치교화(文治敎化)>문명개화(文明開化)>문화(文化)'로의 변신이 오늘날의 '문화'라는 용어로 정착하게 된 것이다.

문화를 칭하는 영어 'Culture(독일어로는 'kultur')'는 본래 '밭을 갈다(耕

作), 재배(栽培)하다, 훈련하다'에서 비롯된 말이다. 경작(耕作)의 뜻을 가진 기원어가 17세기 유럽에서 문화의 개념으로 정착하면서 지금은 문화라는 뜻 말고도 '개화(開化), 교양(敎養), 세련, 수양(修養)' 등의 다양한 의미로 쓰이게 되었다.

오늘날 현대인들이 인식하는 문화의 개념은 그리 단순치가 않다. 본래의 의미보다는 훨씬 외연(外延)이 넓어진 것이다. 문화를 간략하게 정의한다면, '인류가 지구상에 삶을 꾸려 온 이래 학습에 의해서 성취해 놓은 모든 정신적 · 물질적인 성과'라 할 수 있다. 다시 말하면 인간의 의식주(衣食住) 생활 전반을 비롯하여 기술 · 학문 · 예술 · 도덕 · 종교 등에 이르기까지 생활 형성의 제반 양식과 내용을 포괄하는 개념이다. 그리고 보면 문화란, 곧 인간 '삶의 총체'라 해도 지나친 말이 아니다. 문화의 개념이 이처럼 포괄적이다 보니 이를 어떻게 규정해도 잘못이랄 수 없으며, 마찬가지로 아무리 잘 정의해도 완벽하다고 할 수가 없다.

2. 언어와 문화

1) 언어와 문화와의 관계

인간의 언어 역시 문화라는 큰 틀 속에 포함된다. 문화라는 범주 속에 포함될 뿐 아니라 그 속에서 차지하는 비중은 참으로 막중하다. 언어를 빼놓고는 특정 문화를 논할 수가 없을 만큼 언어는 문화의 제일 요소로 자리한다. 어떤 개별 언어를 막론하고 모든 언어는 해당 언어를 생성해 낸 사람들의 생각과 느낌, 나아가 그네들의 사고방식이나 의식 구조까지 그 속에 융해되어 있기 때문이다.

언어와 문화와의 관계에 대해서 지금까지 여러 구체적인 논의가 있었다. 그 동안 논의되어 온 바를 다음과 같은 네 항목으로 추려 볼 수 있다. 우선 '문화-언어 동일론(同一論)'을 들 수 있다. 말 그대로 인간의 문화와 언어는 서로 같다는 이론이다. 다음으로 '언어 결정론(決定論)' 또는 '언어 상대성(相對性)'으로, 인간의 언어가 문화를 결정한다는 이론이다. 그 다음으로 '인지(人智) 결정론'이란 것으로, 인간의 사고가 언어를 결정한다는 이론이다. 끝으로 '문화-언어 개별론'이다. 이는 인간의 문화와 언어는 각각 독립적 개체로서 비롯되고 다른 계열로 발전해 간다는 이론이다.

인간의 문화와 언어의 상호 관계에 대한 구체적인 특성은 아직까지 밝혀진 바는 없다. 하지만 언어가 같거나 유사하지만 문화가 다른 경우나, 이에 반해 문화적으로는 유사하지만 언어가 다른 경우도 자주 목격된다. 그리고 특정 민족의 언어가 거의 소실되었지만 그 문화는 계속 전승되는 경우도 볼 수 있다. 이런 현상을 보면 문화와 언어의 관계는 어느 한 쪽이 다른 한 쪽을 결정지을 수 있는, 그리 단순한 관계는 아니라고 본다.

언어와 문화가 상호 의존형임은 분명하다. 한 민족의 문화는 필연적으로 해당 언어에 반영될 수밖에 없음을 다음의 예에서도 볼 수 있다. 옛날 중국 북방에서 결혼식을 올릴 때 신혼부부의 침대에 '대추〔棗〕'와 '밤〔栗子〕'을 던지는 풍속이 있었다. '棗'는 '早'와 음이 같고, '栗子'는 '立子'와 음이 같으므로 '무立子'라는 뜻을 나타낸다. 반면, 중국의 민남(閩南)방언에서는 '棗'와 '早'가 음이 같지 않아서 신혼부부의 침대에 '대추〔棗〕'를 던지지 않는다고 한다. 대신 '花生'을 던져 아들딸을 많이 낳아 주기를 기원했다는 것이다.

그렇다면 무슨 이유로 棗나 栗子 또는 花生을 던지고, 반면 梨나 无花果 따위는 던지지 않는 것일까? 이런 현상이 바로 언어가 문화에 영향을 미친 예라 해도 좋을 것 같다. 이와 관련 있는 또 다른 예를 들어 본다. 강소(江蘇) 지역이나 상해(上海) 등지에서는 '死' 자를 금기어로 여기는데, 이 한자를 구어(口語)에서는 [xi]로 발음한다. 그런데 그 음(音)이 '洗'와 동일하므로 '洗'라는 말도 금기어로 여겨 '洗'를 '汰' 혹은 '淨'으로도 표현한다. 이 역시 문화가 언어에 영향을 미친 예라 할 수 있을 것이다.

한민족이 쓰는 한국어에는 한국문화가 고스란히 배어 있다. 따라서 한국어 탐구는 바로 한국문화 탐구로 이어지고, 중국어 탐구는 중국문화 탐구로 이어진다. 나아가 한국어 사랑은 그대로 한국문화 사랑으로 이어지고, 중국어 사랑은 그대로 중국문화 사랑으로 이어지는 것이다.

그런데 한국인이든 중국인이든 평소 자국어로 언어생활을 영위하면서 말(언어)에 대해서만은 그다지 깊은 관심과 애착을 느끼지 못한다. 마찬가지로 문화를 얘기하면서도 자국어의 저변에 흐르는 고유문화는 특별히 의식하지 못한다. 현대 사회는 하루가 다르게 변화를 거듭한다. 교통·통신의 발달은 전 세계를 하나의 공간, 곧 '지구촌 시대'로 변모시켰다. 세계화·국제화로 인한 다문화 공존시대를 맞아 현대인들은 각기 다른 문화에 대한 이해도를 넓혀야 한다. 이런 점에서 한 언어를 철저히 탐구하는 일은 곧 그 문화를 가장 잘 이해하는 첩경이 될 것이다.

2) 언어와 민족성

널 사랑해. ― 한국어

워아이니(我愛你). ― 중국어

아이 러브 유(I love you). ― 영어

이히 리베 디히(Ich liebe dich). ― 독일어

주 템(je t'aime). ‒ 프랑스어

테 키에로(Te quiero). ‒ 스페인 어

티 아모(Ti amo). ‒ 이탈리아 어

아이시테이마스. ‒ 일본어

야 르블류 바스. ‒ 러시아 어

비 참드 해르태. ‒ 몽골 어

"나는 당신을 사랑합니다."라는 구애(求愛)의 표현을 지구촌의 몇 가지 언어로 들어 보았다. 한마디 이 짧은 언사에서도 서로 다른 표현법과 함께 해당 언어의 성격을 느낄 수 있을 것만 같다. 저명한 언어학자 촘스키(Noem Chomsky)가 말하기를, "언어는 인간의 고유한 능력이며, 그 능력은 보편 문법과 함께 인간 유전자(遺傳子)에 내장되어 있다."고 했다. 여기서 말하는 유전자는 결과적으로 그 언어를 생성해 낸 민족의 민족성, 곧 정신문화를 지칭할 것이다.

개별 언어에서 외부로부터 들어온 외래어(차용어 포함)를 제외한 나머지 언어재를 **고유어**(固有語)라 한다. 고유어는 그 태생이 자생적(自生的)이라는 이유로 좀 더 각별한 의미를 부여받는다. 고유어는 그들 조상들에 의해 만들어져 대대로 써 내려온 문화유산이기에 거기에는 그 민족 고유의 정신문화가 깃들어 있는 것이다.

언어 현상을 물고기가 사는 바다에 빗댄다면 고유어의 세계는 연어(鰱魚)가 태어난 고향 냇물에 비유될 것이다. 연어는 평생을 넓은 바다에서 헤엄치다 종말에 이르면 자신이 태어난 모천(母川)으로 되돌아오게 된다. 연어가 어떻게 모천으로 회귀(回歸)하는가에 대해서는 아직도 잘 모른다.

연어 스스로 모천의 냄새를 맡는 능력이 있다고도 하고, 항해 기록이 아가미에 자동 입력된다는 주장도 있다. 게다가 스스로 지구의 자기(磁氣)를 감지하여 그 방향을 알아낸다는 설까지 있을 정도이다.

어떻든 목숨을 걸고 회귀하는 연어의 모천을 인간사회의 언어에 빗댄다면 이는 바로 고유어의 세계라 할 만하다. 조상들에 의해서 물려받은 고유어는 연어가 알에서 깨어나 어린 시절을 보냈던, 바로 그 고향 냇물인 것이다.

인간은 유전자 감식을 통하여 헤어진 생부(生父)를 찾아낼 수 있다. 이와 마찬가지로 고유어의 어원 탐구는 바로 모천의 성분을 알아내고, 민족 고유의 유전자 성분을 밝혀내는 작업이다. "체질을 알면 건강이 보인다." 는 모 의학서의 제목처럼, 특정 어휘의 뿌리를 캐어 보면 그 말을 만들어 낸 선인들의 생각과 정서를 읽을 수 있다. 언어가 바로 문화를 담아 전하는 그릇이기에 현대인들은 조상이 물려준 언어 유산을 통하여 그 민족의 문화와 역사, 곧 조상들의 삶의 모습을 엿보게 되는 것이다. 저명한 언어학자 사피어도 그의 저서에서 이 같은 사실을 뒷받침하고 있다.

언어의 배후에는 어떤 것이 존재하고 있을 뿐만 아니라 언어는 문화를 떠나서는 존재할 수가 없다. 문화란 것은 바로 그 사회에서 전해져 내려오는 관습과 신화의 총화를 일컫는다. 그리고 그것에 의해 우리들의 생활 조직이 결정된다. (E. 사피어(Sapir), 『Language』, 1921)

3) 문화적 의사소통에 대한 바른 이해

한 · 중 두 나라 언어가 서로 다름은 누구나 잘 알고 있는 사실이다. 다만 어떤 면에서 무엇이 얼마만큼 다르냐는 물음에는 어느 누구도 선뜻 답하지 못한다. 같은 동양권의 국가로서 상호 국토를 맞대고 있다는 지리적 연고 탓도 있을 것이다. 하지만 무엇보다 같은 문자인 한자를 공유한다는 점에서 양 국어의 관계를 오해할 수도 있다. 그러나 두 나라의 언어는 공통점보다는 다른 점이 많다는 사실이 먼저 전제되어야 한다.

한민족(韓民族)과 한족(漢族)은 인종이 서로 다르듯이 한국어와 중국어는 계통부터 달리한다. 음운이나 형태, 문장의 구조가 다를 뿐 아니라 언어 의식이나 사유, 언어 사용에서의 관습 역시 차이가 있다. 양 국어 간에 드러나는 구체적인 차이점을 대략 다음과 같이 정리해 보기로 한다.

첫째로, 한국어와 중국어는 서로 대응될 수 없는 언어 표현이 존재한다. 둘째로, 표현 형식이 동일하거나 유사하지만 실제 의미가 다른 예가 얼마든지 있다. 셋째로, 언어 표현의 세분화 정도에 차이가 드러난다. 넷째로, 기본적으로 의미가 같은 단어도 파생적 의미에 있어서 큰 차이를 보이는 예도 있다. 다섯째로, 한국어의 일부 한자어는 중국어에 근원을 두고 있어 뜻은 같지만, 표현 방식이 조금씩 다른 경우가 있다. 여섯째로, 의미가 완전히 같은 단어도 활용에 따라 현격한 차이를 보이는 예도 있다. 일곱째로, 언어 습관 면에서도 서로 다른 점이 많이 발견된다.

양 국어의 이러한 상이점(相異點)은 두 언어가 서로 다른 언어 기호 체계를 가지고 있을 뿐 아니라 서로 다른 사유(思惟)나 언어 습관을 가지고 있음과도 관련이 있다. 사유 면에서 본다면, 한국어가 객체적 사유에서 비롯되었다면 중국어는 주체적 사유에서 비롯되었음을 알 수 있다. 이런 사유의 차이는 시간·공간 개념의 표현이나 외래어의 수용 및 일상생활 용어 등에 영향을 끼치게 되었다.

언어 표현에 있어 이러한 사유나 관습의 차이에 대한 폭넓은 지식은 두 나라 언어를 이해하는 데 도움을 주게 된다. 양 국어의 상호 언어교육은 물론 두 언어 간의 통·번역(通·飜譯) 작업 등 상호 문화적 의사소통에도 크게 기여하게 될 것이다. 미국의 언어학자 R. Lado(1961년)도 이런 사실을 지적한다.

　사람들은 외국 문화를 접하게 될 때 자국의 문화 시스템을 외국 문화로 옮기게 된다. …텍스트의 해석과 산출에 있어서도 모두 본 민족의 모델을 적용하게 된다.

한·중 상호 문화적 의사소통에서도 화자와 청자는 텍스트의 산출, 혹은 해석에 있어서 부지불식간에 모국어의 언어기호 체계, 사유, 습관 등이 반영된 고유의 문화적 잣대를 사용한다. 여기서 나온 긍정적·부정적인 판단은 종종 실제적인 발화 의도에서 비롯된 것이 아니다. 이는 언어 표현에 드러난 문화적·개인적 의미에 대한 청자의 고유문화적 잣대에 의존하게 된다.

한 예를 들어 보자. 흔히 쓰는 한국어의 '죄송하다'는 사과의 말은 중국어의 '對不起'에 해당한다. 대인 관계에서 흔히 쓰이는 말이긴 하나 적지 않은 한국인들은 '對不起'를 잘못 인식하고 있는 듯하다. 아마도 '죄송하다' 혹은 '미안하다' 등과 관련되는 한국의 언어문화 시스템과 무관하지 않은 듯하다. 중국인이 한국인에 비해 '對不起'란 표현을 사용하는 경우가 적다는 사실은 일상 대화에서 조금만 유의하면 쉽게 발견할 수 있다.

상호 문화적 언어 교제라는 것은 낯선 사람과 교류하는 것과 별반 다름이 없다. 한국문화권에서 정상적인 일상이 중국문화권에서도 반드시 정상적이라 할 수는 없다. 때문에 상대방 문화권의 의사소통이나 행동 양식에 대한 정보가 없거나, 자신의 언어나 행동에 대해 자신이 없을 경우 사전 학습을 통해서라도 정확하게 파악하고 보다 융통성 있는 자세를 가지도록 해야 한다.

동일한 문화권에서도 개인적인 성장 환경의 영향에 따라 다양한 가치관을 가지고 다양한 행동 양식을 보일 수 있다. 그런 이유로 상대방의 행동이 그 해당 문화권의 보편적인 행동 양식인지를 확인해 볼 필요가 있다. 한·중 상호 문화적 의사소통을 할 때는 자신의 고유한 문화적 잣대를 기준으로 삼아 옳고 그름을 판단할 것이 아니라 항상 긍정적이고 열린 마음으로 이를 대하는 자세가 필요하다.

2장
한국어와 한국문화

한민족(韓民族)의 기원

한민족의 기원에 대해서는 지금까지 여러 학설이 제기되었다. 그 중에서도 최근 《사이언스》지에 실린 기사가 가장 과학적 접근이라 하여 주목을 끈 바 있다. 여기서 제기된 기원설은 아시아 10개국 과학자들이 2004년부터 최근까지 아시아 73개 민족의 유전자 분석을 통하여 도출해 낸 결론이라 한다.

이 설에 의하면, 한민족의 시원(始原)은 놀랍게도 지금으로부터 6만~7만 년 전의 멀리 동부 아프리카까지 거슬러 올라간다. 당시 동부 아프리카에서 출발한 한 무리가 인도 북부를 거쳐 동남아에 이르고, 그들 중 일부가 다시 남북으로 갈라진다. 이들 중 북쪽으로 이동한 무리가 만주를 거쳐 한반도(조선반도)로 들어오게 된다. 그렇다면 몽골을 비롯한 북방계 민족들도 기원적으로는 동남아시아에서 유래한 것이 된다.

동남아로 이동한 무리가 남북으로 갈라진 시기는 대략 4~5만 년 전으로 추정한다. 동남아시아에서 아시아 각지로 퍼져 나간 이들 조상은 훗날 다시 진화해 북방 기마민족(騎馬民族)과 남방 농경민족으로 나누어진다. 당시 남북으로 갈라진 종족의 비율은 대략 4 대 6 정도로 북방계보다 남방계 혈통이 더 많았다. 이런 비율이 생기게 된 것은 5000년 전쯤 중국에서 한반도(조선반도)로 벼농사가 전래된 사실과 관련이 있는 것으로 보고 있다.

　불과 2, 30년 전까지만 해도 한국의 현 세대는 교과서에서 배운 대로 한민족은 '배달(倍達)'이라는 이름의 **단일민족**(單一民族)으로 알고 살아왔다. 어떤 다른 이민족(異民族)의 피도 섞이지 않았다는, 그 순수성이 대단한 자랑거리가 되었다. 그런데 북방 민족과 남방 민족이 한반도(조선반도)에 들어와 혼혈이 이루어졌다고 하면 지금까지 간직해 온 배달민족, 백의(白衣)민족, 기마(騎馬)민족의 단일민족설은 한낱 허구가 되고 만다.

　한국인들이 이처럼 단일 고유 민족설을 신봉하게 된 데는 나름대로의 이유가 있기는 하다. '동조동근(同祖同根)'을 외치던 일제(日帝) 강점기에 자생한 민족주의의 영향이 그것이다. 그러나 한국은 삼면이 바다로 둘러싸인 반도라는 지정학적 특성을 염두에 두지 않으면 안 된다. 대륙과 섬 사이에 낀, 반도의 숙명적 특성상 이 같은 단일 인종의 순혈(純血)은 기대하기 어려울 것이다. 한국인의 조상들은 오랜 세월 외부 세계와의 지속적인 인종적·문화적 접촉과 교류를 통해 상호 영향을 주고받으며 살아왔을 것이기 때문이다.

　비근한 예로, 혈통(血統)을 나타내는 한국인의 성씨(姓氏)만 보아도 이런 사실은 잘 드러난다. 한국인의 286개 전통 성씨 가운데 무려 130여 개에 달하는 성씨가 귀화인들의 성씨, 곧 '도래성(渡來姓)'이라 한다. 도래성을 가진 씨족들은 이른 시기부터 가까운 중국이나 일본, 또는 몽골, 베트남, 아랍 등지에서 한반도(조선반도)로 유입되었다. 뿐만 아니라 또 다른 혈족의 유입은 지금도 여전히 지속되고 있다.

　어떻든 한반도(조선반도)로 유입된 도래인(渡來人)들은 오랜 세월 한민족이라는 하나의 거대한 용광로 속에 용해되는 과정을 거쳤다. 오늘날 한국인 가운데 그 생김새나 체형만으로 남방계냐 북방계냐를 나누려 한다면 이는 부질없는 일이다. 한국인이라면 그가 제주도 출신이건 평안도 출신이건 세월의 흐름에 따라 피가 거듭 섞이는 가운데 유전자는 물론 동질화된 민족성을 공유하게 되었다.

한국·한국문화의 특성

'다섯 가지 단일 요소(單一要素)를 가진 희귀한 존재', 이는 한국과 한국문화의 특징을 한마디로 규정한 말이다. 한국은 단일 민족이, 단일 영토에서, 단일 역사를 배경으로, 단일 언어를 사용하면서, 단일 문화와 관습을 유지하면서 살아왔다. 다만, 앞서 말한 '단일민족설'만은 문제가 없진 않다. 어떻든 이런 다섯 요소의 단일성은 세계에서 매우 드문 예로, 어찌 보면 천혜(天惠)라 할 수도 있다. 그런데 이 다섯 단일 요소가 한 세트를 이루고 있는, 이런 천혜를 당사자인 한국인들은 정작 실감하지 못한 채 살고 있다.

앞서 말한 대로 지정학적(地政學的)으로 한국은 반도(半島)국가이다. 한국은 중국 대륙과 섬나라 일본 사이에 낀 한반도(조선반도)를 삶의 터전으로 삼는다. 이는 반도의 고유 특성인 **'반개방성(半開放性)'** 문화를 형성하는 기반이 되었다. 흔히 반도국가는 대륙과 섬나라의 틈바구니에 끼어 양측으로부터 짙은 영향을 받을 수밖에 없는, 고난의 운명을 타고났다고 말한다. 그러나 한국은 반도로서 당해야만 하는 숙명론(宿命論)을 지혜롭게 극복하였다. 뿐만 아니라 오히려 대륙문화와 해양문화를 아우르는 **조화론**(調和論)으로 나아갈 수 있었다.

인종적(人種的)으로 한국인은 중·일과 마찬가지로 아시아계의 황인종에 속한다. 한민족(韓民族)은 한반도(조선반도)로 이주하기 전 이른 시기에 북방의 추운 날씨를 경험하였다. 혹한에 적응하는 과정에서 신체적으로 짧은 하체에 눈·코 등에 주름이 생기게 되었고, 특히 광대뼈가 발달하였다. 그러나 무엇보다 대뇌(大腦)는 구조상 우측 뇌가 발달하여 이성이나 지성보다는 **감성적**(感性的) 성향의 민족성을 갖게 되었다.

이 같은 감성적인 기질로 인해 한민족 사이에는 상호 갈등과 반목이 잦은 것도 사실이다. 그러나 위기를 당하면 언제든지 단결하여 무서운 힘을 발휘하기도 한다. '한강의 기적'이라 일컫는 경제의 고속 성장이 그 좋은 예가 된다. 그리고 1988년 올림픽이나 2002년 한·일 월드컵 당시 한반도(조선반도) 전역에 울려 퍼졌던 그 엄청난 국민적 응원 열풍은 전 세계인들을 놀라게 했다.

한국인의 감성 지향성은 신앙(信仰) 면에도 영향을 미쳐 한민족을 **종교적** 민족으로 만들어 놓았다. 전 세계 대부분의 종교가 한국에 유입돼 있을 뿐 아니라 이들 종교 사이에 갈등도 거의 없는 편이다. 이를 두고 한국은 '다종교 공존 사회(多宗敎共存社會)의 표본'이라 말하기도 한다.

한국인이 스스로 밝히는 자국 문화의 또 다른 특성을 들어 본다. 한민족은 자신의 가정(家庭)과 함께 마주 대하는 상대(相對)를 중시한다. 어느 민족보다 조상을 잘 섬기며, 자식을 소중히 여기는 등 유독 혈연(血緣) 관계에 대한 애착이 강하다. 나아가 '이웃 사촌(四寸)'이라 하여 가까이 사는 사람들과 돈독한 유대 관계를 유지하려 애쓴다.

한국인은 자신의 인간관(人間觀)에 대해서도 몇 가지 장점을 든다. 말(언어)과 경험을 중시하고, 겸양과 자기성찰·건전한 생활 자세를 소중히 여긴다. 그러면서 인간의 한계성을 깨닫는 인간상을 강조한다. 이와 반대로 좋지 못한 속성도 숨기지 않고 스스로 드러낸다. 우선 여성에게는 불필요한 제약이 많으며, 지나치게 체면과 격식을 내세우는 경향이 있다. 또 현실 이익을 중요시하고, 허세를 부리며, 칭찬받기를 좋아하고, 아는 사람이나 이웃을 불신하는 것 따위가 바로 그런 것들이다.

한국·한국문화에 대한 외국인들의 관점과 지적도 겸허히 수용해야 할 사항이다. 문화가 다른 이방인의 눈에 한국문화에 대한 인상은 대략 다음과 같다. 모 외지(外誌)에서는 한국문화를 **민감성**과 **유연성**, 그리고 **배타성**이란 세 가지 관점에서 언급하고 있다.

우선 민감성 부분, 한국인은 개인의 사생활에서부터 나라의 정치에 이르기까지 매사에 지나칠 정도로 민감한 반응을 보인다는 것이다. 남이 나를 어떻게 볼까 하며 남의 눈을 의식하여 재빠른 방어와 대처를 보인다는 얘기다. 또한 모방성과 창의력이 강하며, 무슨 일이든 그때그때 빨리빨리 해치워야만 직성이 풀린다. 이렇게 발 빠른 대처에는 응당 스트레스가 많을 수밖에 없고, 그래서 매사를 화를 잘 내는 민족으로 인식되고 있다.

다음으로 유연성 부분, 한국인은 개인의 행동에서 국가의 정책에 이르기까지 포용력이 강하다는 의미인 듯하다. 이를테면 국제결혼으로 인한 다문화 가정이 늘어나면서 다문화 사회에 빠르게 적응하는 모습을 보이고 있는 것, 언어에 있어서도 외래어의 수용이 활발한 것, 대기업들도 글로벌 기업답게 현지화 적응에 있어 민첩한 것 등을 들고 있다.

그 다음으로 배타성 부분, 여기에 대한 지적만은 한국인들이 새겨들어야 할 대목이다. 이 대목에서는 한국인들의 '우리' 의식을 특별히 지적한다. 아마도 혈연(血緣)이나 지연(地緣), 학연(學緣)과 같은 뿌리 의식을 꼬집는 것 같다. 이처럼 끼리끼리 뭉치는 경향은 정치판에서도 그대로 적용된다. 끼리끼리 의식은 대화와 타협보다는 맹목적인 자기편 거들기로만 치달아 당파 간의 다툼으로 비춰진다. 또한 이런 배타성은 우리 글, 곧 한글의 우월주의로부터 크게는 한민족 우월주의로 발전한다. 자기 민족에 대한 자긍심을 갖는 건 좋지만 지나친 국수주의나 민족 우월론은 국제화 시대에 바람직하지 않다는 지적이다.

한국의 언어문화

1. 한국어의 흐름

앞서 '언어계통론'에서 한국어가 '알타이 어족'에 속할 개연성이 있다고 했다. 그러면서 결론적으로 한국어는 고대의 북·남방계 요소가 혼합되었을 가능성에 대해서도 언급하였다. 아득한 옛날 한민족의 조상은 한반도(조선반도)에 정착하면서 초기에는 원시적 상태의 언어생활을 영위했으리라 짐작된다.

여러 역사적 사실로 미루어 초창기 반도의 남방에는 마한(馬韓)·진한(辰韓)·변한(弁韓)의 삼한(三韓)이란 부족국가가 터전을 잡게 된 것으로 보인다. 이로써 남반부는 남방계 **한어**(韓語)가 형성되었으리라 추정된다. 그 후에 소위 말하는 삼국(三國)이 정립(鼎立)하게 되었고, 삼국시대는 이후 남방의 신라에 의해 통일되어 최초의 한반도(조선반도) 통일국가가 성립하게 되었다. 국어사(國語史)의 관점에서 볼 때 통일신라(統一新羅)의 출현은 한반도(조선반도) 언어가 동남(東南) 지역의 **신라어**를 중심으로 통합되었음을 의미한다.

통일신라도 고려(高麗)에 의해 멸망하면서 왕조의 수도가 개성(開城)으로 옮겨 오게 된다. 도읍지의 이동은 언어 중심지의 이동을 동반하게 되어 언어의 중심도 한반도(조선반도)의 남부에서 중부 지역으로 옮겨지게 되었다. 그러나 고려에서 조선(朝鮮)으로의 왕조 이전은 이와는 사정이 다르다. 비록 왕조는 바뀌었으나 언어의 중심지만은 여전히 중부 지역에 머물게 된 것이다.

따라서 고려와 조선왕조를 거쳐 오늘날에 이르기까지 '서울말'이라 불리는 **중부 지역어**가 여전히 한국말의 표준어로 자리하고 있다. 그러나 여기서 간과하지 말아야 할 것은 한반도(조선반도)의 반쪽인 조선의 사정이다. 한반도(조선반도)가 남북으로 반분되던 반세기 전의 국토 분단은 언어의 분단까지 동반하게 되었다. 한국과 조선의 언어 차는 지역 간 방언 차를 넘어선 이데올로기의 차이에서 비롯된다. 게다가 현재의 조선어는 수도가 위치한 '평양말'을 표준어(소위 '문화어')로 삼고 있어 한국의 '서울말'과는 다른 면모를 보이는 것이다.

언어는 시대의 흐름에 따라 변천하고, 지역 차이에 의해서 변화한다. 언어의 변화는 음운이나 문법 면에 비해 어휘 면에서 훨씬 두드러진다. 한 언어 구조 안에서의 **어휘 체계**(語彙體系)는 크게 고유어와 외래어로 대별된다. 고유어는 말 그대로 한 언어권 내에서 자생한 '토박이말'이다. 반면, 외래어는 한 언어권 밖에서 받아들인 어휘를 통칭한다. 외래어 속에는 순수 외국어와 함께 그 중에서 빌려다 쓰는 차용어(借用語)까지 포함된다. 말하자면 계통이 다른 언어가 들어와 자국어와 동화되어 쓰이는 외국어를 통틀어 '**외래어**' 또는 '차용어'라 일컫는 것이다.

반만년(半萬年) 역사에서 어휘 부분의 흐름만을 놓고 보면 한국어는 세 번에 걸친 커다란 변화를 겪었다. 세 차례에 걸친 어휘 변천을 간단히 '바람, 바람, 바람'으로 표현할 수 있다. 한반도(조선반도)를 휩쓸고 간 바람 중

첫 번째 바람은 중국 대륙에서 불어온 황사바람이었다. 황사(黃紗)라 하면 누구나 다 짐작하듯 **한자·한자어**의 유입이다. 곧 한자말이 한반도(조선반도)에서 자생한 고유어를 몰아낸 것이다.

두 번째 바람은 동해에서 불어온 해풍, 곧 개화기를 전후하여 섬나라 일본을 통해 이루어진 **일본어**의 침투이다. 동해 바람은 40여 년의 짧은 기간 동안 영향을 미쳤지만 일제(日帝) 강점기로 인한 강요된 바람이었기에 얼마나 강압적이었던지 현 한국어 속에서 아직도 그 흔적〔殘滓〕을 말끔히 씻어내지 못할 정도이다.

마지막 세 번째 바람은 멀리 태평양에서 불어오는 오렌지 바람, 곧 **서구어**의 유입과 범람이다. 영어를 위시한 서구(西歐)계 외국어가 세계화·국제화의 바람을 타고 한반도(조선반도)로 몰려와 회오리치고 있다.

'바람, 바람, 바람'이라는 세 번에 걸친 '변화의 바람'에서 앞서의 두 바람은 이제 잔풍(殘風) 정도의 세력만 남아 있다. 그러나 마지막 제3의 바람은 현재 진행형의 매우 강력한 바람이다. 한국어 어휘에서 고유어와 한자어, 그리고 외래어 사이에서 생겨난 위상적(位相的) 대립은 이 세 번에 걸친 바람 사태가 몰고 온 필연의 결과물이라 할 수 있다.

한국어 어휘에서 절반 이상을 차지하는 **한자어**에 대해서도 언급하지 않을 수 없다. 언어 구조가 전혀 다른 상황에서 한국인이 접한 최초의 문자가 한자였음은 어쩌면 불행이라 하지 않을 수 없다. 하지만 운명적이라고 할까, 문자의 필요성을 절감하던 당시로서는 유일한 문명국의 문자인 한자를 외면할 수 없었다. 이 같은 사정은 한국만이 아니라, '한자문화권'에 속하는 주변 민족·국가들의 공통적 운명이었다.

한자·한문의 유입과 사용도 일종의 문화 교류 현상으로 보아야 한다.

문화는 대개 그 수준이 높은 데서 낮은 데로 흐르기 마련이다. 낮은 문화의 소유자는 높은 문화 소유자의 언어로부터 그 자료를 받아들이려 한다. 한국은 중국 대륙에 접한 지리적 인연으로 일찍부터 손쉽게 한자·한문 및 중국어를 받아들이게 되었다. 따라서 한국어 어휘에 있어 한자어가 차지하는 비중은 높을 수밖에 없었다. 한자어를 외래어가 아닌 귀화어(歸化語)로 대접하여 이를 별도로 취급하자는 주장까지 나올 정도이다.

2. 고유문자 '한글'의 위상

지구촌에는 수천여 종에 달하는 언어가 혼재한다. 그러나 그들 자신의 말(음성언어)을 직접 적을 수 있는 문자를 가진 언어는 결코 많지 않다. 대략 6, 7000여 종에 달하는 언어 수에 비해 독자적인 문자는 고작 백여 종, 그것도 기원형을 따지면 그 수는 절반에도 미치지 못한다. 이런 현실에서, 한반도(조선반도) 8000만의 한민족이 고유문자인 **한글**을 가졌다는 사실은 결코 예삿일은 아니다. 무엇보다 한글은 독창적이며 과학적인 문자라는 점에서 더욱 그러하다.

현존하는 지구촌 문자들의 연원(淵源)을 보면 대략 알파벳 문자, 상형문자(象形文字), 설형문자(楔形文字)의 세 유형으로 요약된다. 이웃 나라에서 좋은 문자를 쓰고 있으면 그것을 빌려다가 적절히 개량하여 썼기 때문에 이렇게 정리할 수 있는 것이다. 게다가 아예 처음부터 새로 문자를 만든 예는 극히 드물며, 그런 일을 했더라도 실패하는 경우가 다반사였다.

한국인은 무엇보다 한글이 독창적인 문자임을 자랑으로 여긴다. 한글은 명칭 그대로 세계에서 하나뿐인 글자다. 어떤 다른 나라 문자로부터 영향을 받았다는 증거도 찾을 수가 없다. 한글 자모(字母)는 사람의 발음기관과 '천지인(天地人)'을 본뜬 상형의 원리로 제작되었다. 이 문자는 세계 문자사(文字史)의 흐름에서 가장 발달된 '소리문자(表音文字)', 그 중에서도 로마자와 같은 음소문자(音素文字)에 속한다. 다만 같은 음소문자로서 영어와 다른 점이라면 실제의 사용에 있어 음소가 아닌 음절 단위로 표기한다는 사실이다.

한국의 국자(國字) '한글'에 대한 자랑거리는 얼마든지 더 있다. 인류 문자사에서 일찍이 그 문자를 만든 이와 만든 시기가 명확히 알려진 예는 한글밖에는 없다. 한글은 제작자와 제작 시기가 알려진 유일한 문자이다. 게다가 한글처럼 배우기 쉽고 쓰기 쉬운 글자는 없으리라 생각된다. 24개의 기본 자모(字母)만 활용하면 자연계에서 나는 어떤 소리, 이를테면 바람소리, 물소리조차도 정확히 적어 낼 수 있다. 문맹 퇴치(文盲退治)에 한글만큼 좋은 문자도 없을 터, 그래서 '세종상(世宗賞, Sejong prize)'이라는 국제적인 상(賞)까지 제정되어 있다. 세종상은 유엔 산하 기구 유네스코(UNESCO)에서 매년 문맹 퇴치에 공이 많은 인사나 단체에게 주는 상이다.

한글의 본래 이름은 **훈민정음**(訓民正音)이었다. 훈민정음은 15세기 (1443~1446년) 조선조 4대왕 세종(世宗)께서 당시 집현전(集賢殿) 학사들의 도움을 받아 손수 제작하셨다. 새로운 문자를 만들게 된 동기에 대해서는 훈민정음의 서문(序文)에 잘 드러나 있다. "나라말이 중국과 달라 한자와는 서로 통하지 않는다. 이런 까닭에 백성들이 하고 싶은 말이 있어도 능히 이를 문자로 쓸 수 없는 사람이 많다. 그래서 내가 이를 가엽게 여겨 새로 28자의 글자를 만드니 이는 사람들로 하여금 쉽게 배워 날마다 쓰기에 편하게 하고자 할 따름이다."라고 하였다.

새 문자를 창제하는 데는 기존의 중국 성운학(聲韻學)과 성리학(性理學) 지식이 그 이론적 바탕이 되었다. 28자 자모의 제작에 있어 특히 주목되는 것은 음절(音節)의 해석과 응용에 있다. 중국 성운학에서 '성(聲)'과 '운(韻)'으로 나누던 기존의 2분법(二分法) 대신 하나의 음절을 **초성**(初聲)과 **중성**(中聲), **종성**(終聲)으로 나누는 3분법을 취했다는 점이다.

새 문자에서 한 음절의 초성[子音]은 사람의 발음기관을 모방하여 17자를 만들었고, 중성(母音)은 '천(天)·지(地)·인(人)' 삼재(三才)를 근간으로 하여 11자를 만들었다. 그런데 종성(받침)은 별도의 글자를 만들지 않고 초성을 다시 쓰기로 하여 전체 자모 수를 줄일 수 있었다. 창제 당시 28자였던 자모(字母, Alphabet) 수는 이후 4자가 줄어 총 24자로, 지금의 로마자와 동수(同數)가 되었다.

문자생활에서 훈민정음, 곧 한글이 본래 양반 귀족층만이 사용할 수 있었던 한자·한문의 대안(代案)으로 창제된 것은 아니다. 당시 문자 혜택을 누리지 못하던 일반 대중을 위해 만들어진 것이다. 서민 문자인 훈민정음은 조선조 초·중기까지는 부분적으로 한자·한문과 공존하여 쓰였다. 그러던 것이 19세기에 이르러 국자(國字)의 위치로 격상하게 된다. '국문(國文)'이라고도 불리던 한글은 개화기 때 일시 국한문혼용기(國漢文混用期)를 거쳐 점차 한글 전용시대로 나아가게 된다. 특히 기독교의 전래에 따른 성경과 찬송가의 한글 번역은 한글 전용에 대한 인식과 한글의 보급과 대중화에 크게 기여하게 되었다.

고유어 '**한글**'은 이 땅에서 오로지 '하나[一]'뿐인 글자이며, 크고 위대한 글자라는 뜻으로 붙여진 이름이다. 지금은 전문성을 띤 논문에 이르기까지 대부분의 서적 및 언론 매체를 통하여 한글 전용이 실현되고 있다. 한자 위주나 국한문혼용기 이전 시대에 비해 한글의 위상이 그만큼 높아진 결과이다. 뿐만 아니다. 한글은 배우기 쉽고 쓰기 편하다는 이유로 다른 민족어의 문자로까지 수출되고 있다. 최근 가요나 드라마를 중심으로 한 한류(韓流) 열풍에 힘입어 한글은 이제 세계인의 주목을 받는 문자로 부상하기에 이른 것이다.

3. 언어문화의 특성

앞서 말한 바처럼 한국어는 한국인이 사용하는 유일한 표현 수단으로 조상들로부터 물려받은 소중한 문화유산이다. '언어'라는 큰 틀에서 말하면 개별 언어로서 **한국어**(Korean language)는 그 자체로 **국어**(National language)이자 **표준어**(Standard language)가 된다. 이는 또한 한민족의 **민족어**(Folk language)로서 대다수 한국인의 **모어**(母語, Mother tongue)가 되기도 한다. 이처럼 '한국어 – 국어 – 공용어 – 표준어 – 민족어 – 모어'가 오직 한 줄로 연결되는 예는 지구촌 어디서나 결코 흔하지 않다.

"가장 한국적인 것이 가장 세계적"이라는 말이 있다. 한국어처럼 가장 한국적인 특성을 지닌 것도 없을 듯하다. 언어의 특성이 한국인의 고유한 민족 특성을 그대로 닮았기 때문이다. 좀 구체적으로 말한다면 한국어의 소리 부분과 형태 · 어휘 부분, 그리고 문장 및 담화 부분에 이르기까지 언어 전반에 걸쳐 한국적 특성이 그대로 배어 있다는 뜻이다. 언어 현상에서 그 저변에 흐르는 민족적 요소를 찾아내는 것은 자연 다른 언어와의 비교를 통해야만 가능하다. 세계어 속의 한국어, 그 속에 담겨 있는 언어문화는 구체적으로 어떤 모습일까?

일찍이 필자는 한국어의 특성으로 **자연주의**(自然主義)·**인본주의**(人本主義)·**감성주의**(感性主義)라는 세 가지 특성을 들고, 이들 특성이 한국어의 배경이 된다고 주장하였다. 한국어는 생성 과정에서부터 인위적 요소보다는 자연에 순응하는, 자연 친화적인 요소가 그 바탕에 깔려 있다. 또한 언어 주체의 세계관이나 인식 체계는 논리성·합리성보다는 인간 중심의 인간성, 곧 인정(人情)이 중시된다는 점에서 인본주의 내지는 감성주의라는 속성을 지녔다고 보는 것이다.

여기서 특히 감성주의를 내세우게 된 것은 한국어가 이성(理性)보다는 감성(感性)에 치우치는 민족성을 반영하고 있는 것으로 보기 때문이다. 한국어가 이 같은 속성을 갖게 된 데는 고유의 민족성과 함께 오랜 농경생활과 무속(巫俗)이라는 원시종교의 영향도 작용했으리라 생각된다. 또한 유사 이래 끊임없이 이어진 외세의 침입이나 가난이나 질병 등으로 인한 고난의 역사도 영향을 미쳤을 것이다.

한국어의 특성을 한국인의 입장에서 볼 때는 '한국어의 아름다움'이라고 해도 무방할 것 같다. 언어문화적 특징이라 할 수 있는 한국어의 '아름다움'은 언어 자체가 갖는 특성으로서의 아름다움과 개별적 낱말로서의 아름다움으로 나누어 살필 수 있다. 언어적 특성으로서의 아름다움은 무엇보다 한국어가 감성적(感性的) 언어라는 점이다.

아름다움, 곧 미적(美的) 감각은 인간의 감각·감성에 그 바탕을 둔다. 인간은 지성·이성적인 측면보다는 느낌이나 기분을 중시하는 감성적인 데서 더한 아름다움을 느낄 수 있다. 앞서 한국인의 대뇌(大腦)는 좌뇌(左腦)보다 우뇌(右腦)가 더 발달하여 이성적이기보다는 감성 쪽으로 기운다고 했다. 대체로 서양인보다는 동양인이 더 감성적이고, 동양인 중에서도 유독 한국인들이 감성적 민족이 아닌가 싶다.

참으로 한민족의 감성적인 기질은 유별난 데가 있다. 감동·감탄을 잘하는 성격은 의식 구조가 이성적 차분함보다는 감성적 기분에 더 좌우된다는 뜻이다. 감성적 기질은 상황 변화에 따른 동화력(同化力)이나 융화력이 강하다. 한국어는 육감으로 받아들인 자극에 대한 감각적 표현이 풍부하다. 그래서 소리·동작·형태를 흉내 내어 이를 구체적으로 표현하는 '상징어'가 발달되었다. 언어의 감각성이나 상징성으로 말하면 한국어의 감성은 단연 타의 추종을 불허한다고 하겠다.

4. 언어문화의 이해

한민족 제일 문화유산이 고유 민족어인 만큼, 지구촌 언어를 대비해 보면 그 나라 그 민족의 고유문화를 더 깊게 이해할 수 있다. 아래 열거하는 한국어 낱말들을 통하여 한국어 언어문화의 일면을 엿보기로 하자.

서울, 한글, 온돌, 한강, 된장, 고추장, 김치, 한복, 태극기, 아리랑, 불고기, 태권도, 경복궁, 광화문, (조선)백자(白磁), 산사(山寺), …….

이상은 한국인 삶의 진면목을 잘 보여 주는 한국문화의 상징물 내지는 상징어들이라 할 수 있다. 이들 상징어는 의식주(衣食住) 관련어로부터 고유문화재(文化財)에 이르기까지 한국문화를 대표하는 어휘들로 채워져 있다. 후지 산(富士山)과 벚꽃이 일본을 상징하고, 세느 강과 에펠 탑은 프랑스의 수도 파리를, 템즈 강과 런던 탑이 영국을, 천안문 광장이나 자금성이 중국을 상징하는 것과 마찬가지다.

사랑, 우리, 서로, 엄마(어머니), 행복, 기쁨, 아름답다, 예쁘다, 가족, 하늘,
시나브로, 가람, 누리, 다솜, 미리내, …….

이상은 모 여론 조사에서 발표한, 한국인 스스로가 아름답다고 여겨 자
랑스럽게 내세우는 어휘 목록이다. 한국인 스스로 가장 사랑하는 낱말들,
만약 외국인들이 이 낱말 속에 깃든 숨은 의미를 헤아릴 수 있다면 한국인
의 정서에 보다 가까이 다가설 수 있을 것이다.

그런데 일상으로 쓰는 말이지만 한국어에 익숙하지 않은 외국인들이 여
전히 공감하지 못하는 부분도 있다. 이는 관용어(慣用語)처럼 민족 고유의
정서 표출이어서 이방인들은 쉽사리 받아들이지 못하는 표현이다. 예컨
대, "아, 시원하다"하면서 맵고도 뜨거운 찌개 국물을 훌훌 들이켤 때가 그
럴 것이다. 이런 표현의 예는 얼마든지 더 있다. '우리 마누라'라고 부르면
서 자신의 아내를 남에게 천연덕스럽게 소개할 때, '좋아 죽겠다'면서 아주
기분 좋은 상태의 말미에 '죽음'을 덧붙일 때 역시 그런 경우이다.

뿐인가, '미운 정 고운 정'이라 하여 미움도 정(情)인 양 고운 정보다 앞
세울 때, 전혀 죽음을 두려워하지 않는 양 '죽기 아니면 살기'라 하며 두 주
먹을 불끈 쥘 때, 생사(生死)를 '죽살이'라 하여 죽음을 내세우는 말투 따
위를 사용할 때도 마찬가지다. 이런 표현들은 그 말의 액면적인 의미만으
로는 이해하는 데 도움 되지 않는다. 그 말의 배경이나 배후, 즉 고유한 언
어문화를 이해하지 않고서는 결코 그 말의 진정한 뜻을 파악하지 못한다.

1) 한국인의 정서 용어(情緒用語)

세상의 언어 중에는 유독 그 민족의 가슴속에 민감하게 다가오는 '정서

용어(情緖用語)'라는 게 있다. 한국인의 감성을 보다 잘 드러내는 정서 용어로 **고향, 나그네, 꿈, 달, 눈물, 슬픔, 울음, 보리밭,** 길 따위의 낱말을 들곤 한다. 대개 시(詩)나 노래가사 같은 데서 단골로 등장하는 어휘들이다.

유목민에게 '고향, 나그네, 보리밭, 길' 등의 낱말은 아무래도 잘 어울리지 않는 듯하다. 또 태양을 섬기는 낙천적인 민족에게는 '달, 슬픔, 울음, 눈물' 따위의 낱말도 역시 그럴 것이다. 하지만 '고향'이나 '보리밭, 길' 같은 낱말은 농경·정착 민족인 한국인에게는 그야말로 제격일 수밖에 없다. '꿈'이나 '달, 슬픔, 울음, 눈물' 같은 유사한 어휘 항목들은 한국인들이 지난 세월 겪어 온 고난에서 우러난 바로 삶 자체의 어휘들인 것이다.

이런 어휘들은 적어도 한국인에게 있어 지시적 의미 이상의 개념적 외연(外延)이 적용되고 있는 듯하다. 이를테면 아련한 정감이 유발되고 가슴 한구석에 여운이 남는 듯한, 연상적 의미 같은 것이다. 정서 용어에서 사실 전달을 하고 남은 여분의 정서 분량은 바로 그 민족, 그 나라의 무형의 문화재로 남는다.

한민족의 국민시인이라는 김소월(金素月)의 〈진달래꽃〉은 이미 이별노래(별사, 別詞)의 고전이 된 지 오래다. 대중이 즐겨 부르는 가요 중에도 꽃을 노래하는 가사에는 반드시 그 밑바탕에는 슬픔의 눈물이 고여 있다. 바닷가에 피는 동백(冬柏)은 이별을 초월하여 불행이나 비극의 상징물로 묘사된다. "그리움에 지쳐서 울다 지쳐서 파랗게 멍이 들" 정도로 그 꽃잎이 붉어졌다고 하지 않았던가. 이제껏 대중의 사랑을 받았던 가요의 가사(歌詞)를 보아도 이런 사정은 더욱 분명해진다.

운다, 눈물, 밤, 꿈, 꽃, 바람, 이별, 비, 등불, 외로운, 슬픈, 나그네, 사랑, 멀다, 미련, 안개, 죽음, 고향, 혼자, 배, 간다, 길, 어머니, 부두, …….

여기서 가장 높은 빈도수를 보이는 어휘가 '운다'라는 동사이고, 다음으로 '눈물'이라는 명사이다. '눈물, 운다'와 함께 여기 호응하는 낱말도 '그립다, 슬프다, 외롭다' 같은 형용사들이다. 부사로는 '차라리, 어차피' 따위의 어쩔 수 없는 상태의 체념을 나타내는 단어가 주종을 이룬다. 노래하는 주체가 울고 있는 원인은 대체로 모태(母胎) 내지는 고향 이탈에서 오는 상실감, 혹은 어쩔 수 없이 떠나야만 하는 운명, 또 어딘가 훌쩍 떠나고 싶은 타율민(他律民)의 비애(悲哀)로 가득 채워져 있다.

그러나 한민족의 비애 표현은 외형상으로 그리 요란스럽지 않게 보인다. 그것은 가슴 깊은 곳에서 우러나오는 그윽한 슬픔이요, 울어도 눈물이 흐르지 않는 울음이다. 한국인 조상들은 눈물 안 흘리고 우는 데 길들여진 '루(淚)'의 도사들이다. 눈물이 흐르지 않게끔 잘 훈련된 한국인의 눈꺼풀은 어느 인종에게서도 찾을 수가 없다고 한다.

그런가 하면 비(非)정서 용어라고 할까? 한국인의 고유 정서와는 상반되는, 평소 입 밖으로 내기를 꺼려하는 금기어(禁忌語)도 많다. 이를테면 서구인들이 일상에서 즐겨 쓰는, '사랑한다, 행복하다, 고맙다'는 말이 그런 예이다. 영어권이라면 '아이 러브 유, 아이엠 해피, 땡큐' 정도는 하루에도 수없이 내뱉는 상투어이다. 한국인들이 이런 서양풍 인사말에 적응하게 된 것은 극히 최근의 일이다. 얼마 전까지만 해도 한민족의 전통적 정서로는 이런 표현이 잘 받아들여지지 않았다.

당사자 간의 직설적 표현으로서의 **사랑**이나 **행복**은 한국인에게는 괜스레 어색하게만 느껴진다. 직접 입 밖으로 내뱉기를 쑥스럽게 여기는 탓이다. 한국인 선조들은 부부 사이에서도 "당신을 사랑한다."는 애정 표현은 하지 않았다. 입 밖으로 내뱉는 말 대신 은근한 눈빛이나 표정만으로 평생을 해로(偕老)하였다.

'행복(幸福)'이라는 더없이 좋은 말도 한국인에게는 일종의 금기어로 취급받았다. 행복이란 인간의 힘으로 쟁취할 수 있는 성질의 것이 아니다. 그것은 오로지 하늘에서 주어지는 은총일 뿐이다. 자신의 입에 행복이란 단어를 올리는 순간 그 복(福)은 삽시간에 달아나 버린다고 믿는 것이다. 그런 연유로 편지글의 말미(末尾)에서나마 조심스럽게 "행운을 빕니다."라는 인사말 정도가 고작이었다.

상대가 베푼 호의에 대한 '고맙다, 감사하다'는 답례 역시 이런 경우와 별로 다름이 없다. 이는 은혜를 입었을 때 실제로 고마움을 느끼지 않아서가 아니다. '고맙다'는 말을 입 밖으로 내뱉는 순간 마음속에 간직한 고마운 뜻이 그만 반감되지 않을까 하는 우려 때문이다. 뿐만 아니라 상대방 역시 고맙다는 말을 들으면 괜히 어색한 기분이 들 것만 같다. 이런 관계는 고도로 순화된 정적(靜的)인 인간 사이에서만 가능한 일이다. 부모님 앞에서나 절친한 친구 사이라면 더더욱 그럴 터이다.

2) 어원(語源)으로 보는 의식 구조

앞서 개별 언어 속에는 그 언어를 생성시킨 민족의 정신적 유전자가 내재되어 있다고 했다. 현대인은 그 유전자의 비밀을 알아내기 위해 언어의 뿌리를 캐어 보려고 한다. 뿌리를 캐는 일은 좁게는 개별 낱말의 뿌리를 분석하는 어원론(語源論)에서, 넓게는 해당 언어의 기원을 밝히는 계통론(系統論)까지 있다.

어원론은 한 언어의 특정 낱말을 대상으로 그 말의 태초 의미와 함께 구조 및 변화 과정을 살피는 작업이다. 말뿌리 캐기는 말 그대로 어원 분석을 통해 선조들의 사상이나 감정, 정서, 사고방식, 의식 구조 등 제반 문화 요소들을 찾아내는 일이다. 어원 연구는 고유어의 기원을 통해 민족문화의 저변을 찾는 작업이라 할 수 있다.

어원 탐구의 실례를 한국어의 '무지개(虹)', '아름답다(美)', '고맙습니다'라는 세 단어의 분석을 통해 알아보기로 한다.

'무지개'의 예

비가 갠 후 공중에 펼쳐지는 빛의 프리즘 현상을 보고 한국인들은 이를 무지개라 이른다. "물기(水分)가 만들어 놓은 문(門)"이라는 뜻에서다. 무지개는 정확히 '물(水)+지게(門)'의 결합으로 분석되어, '물(믈)지게>무(므)지게>무지개'의 어형 변화를 거쳤다. 무지개의 기원적 의미가 밝혀졌다면 어떻게 이런 이름이 지어졌을까 하는, 말하자면 명명(命名)의 배경에 대해서도 생각해 보게 된다.

언어는 본질적으로 '자의성(恣意性)'이라는 속성을 지닌다. 동일한 자연 현상을 두고도 민족의 언어마다 달리 표현되는 것은 이런 언어의 속성 탓이다. 무지개는 이를 보는 사람에 따라 색깔의 종류부터 다르게 나타난다. 무지개의 색채 수는 역사적으로 문명의 발전도에 따라 늘어남을 보여 준다. 옛 그리스의 고전 '크세노폰'에서는 3색으로 보았고, 아리스토텔레스에서는 4색으로, 로마의 세네카에서는 5색으로 보았다. 이후 서양에서는 통상 6색으로 늘어났으나 뉴턴에 이르러 7색으로 고정되었다는 것이다.

무지개를 보고 그 색깔의 수를 진지하게 세어 본 사람은 아마도 드물 것이다. 시·공간이 연속적이고 무한한 것처럼 실제로 무지개의 빛깔도 무한에 가깝다. 인간의 시력으로는 도저히 셀 수가 없는 색깔의 경계를 두고 인간은 굳이 숫자로 표시하려 한다. 이런 현상은 색깔을 나타내는 해당 언어의 어휘 항목과 관련이 있다. 아프리카 어떤 부족은 무지개를 3색으로 표시하고, 프랑스 어린이들은 8색이라 말한다. 한국 어린이들은 7색이라 답하는데, 이는 어릴 적부터 '빨·주·노·초·파·남·보'의 일곱 색을 무지개의 색이라 배워 왔던 탓이다.

무지개는 언제 어디서 누가 보아도 아름답다. 이런 오묘한 자연 현상을 인간은 어떤 눈으로 보고 있는가? 각기 다른 무지개의 이름을 통해 그 명명(命名) 의도를 점쳐 보도록 한다. 영어에서는 무지개를 '비의 활(弓)'이라 하여 '레인보우(Rain-bow)'라 부른다. 비가 갠 후 분산된 물방울이 만들어 낸 커다란 화살이란 뜻에서다. 이토록 아름다운 자연 현상을 두고 대형 화살이라니……. 무지개를 무기(武器)로 보았다니 다분히 모험적이요, 공격적인 발상이라 우리로서는 쉽게 공감하기 어렵다.

프랑스 어에서는 이를 '아르켄시엘(Arcenciel)'이라 한다. 공중에 걸려 있는 '아치(門)'란 뜻이다. 같은 서구인이라도 프랑스 인은 역시 예술적 상상력이 풍부하다고 하겠다. 중국어에서는 이를 '홍예(虹霓)', 또는 '홍교(虹橋)'라 부른다. 여기서 '虹' 자가 쓰인 걸 보면 무지개를 커다란 벌레로 본 듯하다. 역시 큰 나라사람(大國人)답다고 할까, 물이 대지를 꿰뚫고 흐르면 강으로 변하듯 용(龍)처럼 큰 벌레가 하늘을 꿰뚫어 뻗친 형상이 바로 무지개라는 것이다.

한국어 '무지개'는 앞서 말한 대로 물방울이 만들어 낸 '물의 문(門)'이다. 물이 만든 문이라도 빗물로 인한 단순한 문은 아니다. 그것은 바로 용궁(龍宮)으로 통하는 상상 세계의 문이요, 세속을 벗어나 이상 세계로 들어가는 출입문이다. 같은 자연 풍광을 두고도 이처럼 한국인 조상들은 높은 이상과 무한한 상상력을 펼치고 있다. 세상은 꿈꾸는 대로 그 빛과 색채가 달라진다는 사실을 '무지개'라는 이름이 후손들에게 일깨워 주는 듯하다.

'아름다움'의 예

색의 수가 얼마든 형체가 무엇을 닮았든 간에 무지개는 우선 보기에 아름답다. 그러나 한국인 조상들은 이런 느낌 이전에 고달픈 현실에 대한 반발을 바탕에 깔고 있음을 본다. 무지개라는 이름이 이상향으로 들어가는 출입문을 뜻하기에 그럴 것이다. 무지개를 그런 눈으로 보았다면 한국인들이 말하는 아름다움이란 과연 어떤 것이며, 무엇을 보고 그것이 아름답다고 느꼈을까를 생각해 본다. 아름다움을 보는 눈, 곧 한국인의 미의식(美意識)을 고유어를 통해 알아보기로 한다.

아름다움을 뜻하는 한자 '美'를 파자(破字)해 보면 '양・羊' 자에 '큰・大'로 분석된다. '美' 자(字)는 곧 '크고 살찐 양(羊)'의 지칭으로, 이를 한자의 발생지와 관련지어 유추해 볼 수 있다. 소나 양을 치는 유목민들에게는 크고 살찐 양만큼 보기 좋은 것도 없었을 터이다. 게다가 큰 것이라면 무조건 선호하는 대국인(大國人)의 취향도 고려해 봄직하다.

영어권에서는 'Beauty', 'Pretty', 'Dandy' 따위의 단어가 아름다움을 나타낸다. 이들은 대개 '두드러지다, 유별나다, 개성적이다'라는 어원을 가진 말이다. 그렇다면 중국에서는 큰 것을 아름답게 보고, 영어권에서는 유별나고 개성적인 것을 아름답게 보았던 모양이다.

한국어의 경우는 어떠할까? 고유어 '아름답다'의 어원을 추적해 보면 그 실마리가 풀리지 않을까 싶다. '아름답다'에서 그 핵심이 되는 '아름-'의 본뜻만 알 수 있다면 한국인의 미(美)의식을 밝힐 수 있을 듯하다. 그러나 유감스럽게도 '아름'의 어원은 불투명하다. 대신 이와 유사한 뜻을 가진 '예쁘다'나 '곱다'란 낱말을 통해 그 의미를 유추해 볼 수 있겠다.

예쁘다는 본래 '가련하다/가엽다/불쌍하다'는 뜻의 '어엿브다'가 변한 말이다. 일종의 '가련미(可憐美)'라고 할까? 이 말이 감추고 있는 속뜻은 배려를 받는 수동적인 아름다움이요, 인정 베풀기를 지그시 기다리는 연약한 아름다움이다. 어떻든 '가엾다'라는 표현이 아름답다는 의미로 전이(轉移)되는 과정이 한국적이다. 이는 약자를 자처하며 그 편에 서서 약자에 공감하는 의식 구조의 소산이라 여겨진다.

곱다는 본래 '굽(곱)은 것(曲)', 곧 곡선(曲線)을 지칭하는 말이다. 굽은 곡선과 미의식, 곧 굽은 선과 아름다움과의 관련성을 생각해 본다. 비근한 예로 우리는 일직선으로 뻗은 고속도로보다 꼬불꼬불 꼬부라진 오솔길에서 더한 아름다움을 느낀다. 문화재 중에서도 기와의 처마, 한복의 소매 깃, 버선코의 선과 같이 직선이 아닌 곡선에서 더한 아름다움을 느끼는 것이다.

그리고 보면 '아름-'도 작은 것, 연약한 것을 의미하는 듯싶다. 아름답다와 유사한 '아리땁다'도 이와 비슷한 뜻을 가졌다. '아리-'도 병아리의 '-아리'나 송아지, 망아지의 '-아지'와 같이 작은 것, 어린 것을 나타내는 말이다. 작고 어리고 약하다 보니 불쌍하고 가련하여 뭇사람으로부터 측은지심(惻隱之心)을 불러일으킬 만하다. 한국인이면 누구나 알고 있는 "작은 것이 아름답다."라는 말도 바로 이런 상황에서 나온 명언(名言)이다.

'고맙습니다'의 예

"범사(凡事)에 감사하고 쉬지 말고 기도하라.", 이는 기독교 성경에 나오는 한 구절이다. 종교의 여부를 떠나 누구든 새겨들어야 할 좋은 가르침이다. 감사나 기도는 비단 기독교만이 아닌 여타의 종교에서도 단골로 등장하는 덕목이다. 한국어에서 이처럼 중요한 두 용어의 쓰임에 대해 생각해 보기로 한다. 감사(感謝)나 기도(祈禱)에 해당하는 한국 고유어 동사는 각각 '고맙습니다'와 '비나이다'일 것이다. 이런 고유어가 지금은 한자말 우위 풍조에 밀려 뒷전으로 밀려나고 있음이 아쉽기만 하다.

　사의(謝意)를 표할 때 한국인들은 보통 '고맙습니다'나 '감사합니다' 두 말 중 하나를 택하여 인사한다. 두 가지 말은 '고유어 대(對) 한자어'의 관계이며, 의미상의 차이는 거의 없다고 보아야 한다. 일상어에서 두 말이 공존하다 보니 어떤 이는 엉겁결에 "곰사합니다."라 했다는 우스개도 있다.

　한 조사에 의하면 요즘 젊은이들은 '감사합니다'를 더 많이 사용한다고 한다. 한자어 '감사(感謝)'가 고유어보다 더 고상하고 정중해 보인다는 이유에서다. 그런데 한자말 사용자가 고유어 '고맙습니다'의 본뜻을 알게 된다면 아마도 이런 생각은 달라지리라 믿는다.

　'**고맙다**'는 문헌상으로 '곰압다'로, **고맙습니다**는 '곰압습니다'로 기록되어 있다. '고맙다/고맙습니다'의 어간(語幹) '고마'는 본래 신(神), 또는 신령(神靈)을 뜻하는 '토박이말'이었다. 따라서 '고맙습니다'는 신령스럽다, 신령의 은혜를 입었다는 의미로 해석된다. 은혜의 대상이 인간이 아니라 위대한 존재에 대한 외경(畏敬)의 표시, 다시 말하면 사람의 일이 아닌 신이 주관하는 일, 그 신령에 대한 감사의 표시라 할 수 있다.

　'고마'라는 고대어에 대한 설명을 좀 더 덧붙이고자 한다. 중세어에서 '고마ᄒ다'란 말은 '공경(恭敬)한다'는 뜻으로 쓰였다. 자전(字典)에서도 '경(敬), 건(虔), 흠(欽)' 등의 한자를 한결같이 '고마·경, 고마·건, 고마·흠'이라 하여 '고마'란 말로 새기고 있다.

　'고마>곰'은 때로 '검'이나 '금'으로 발음되기도 한다. 출산(出産) 때나 장(醬)을 담글 때 '금줄'을 문 앞에 걸었는데, 여기서 말하는 '금-'은 한자 '禁'이 아니라 신령을 뜻하는 '곰/검'의 변형인 것이다. 따라서 정확히 말하면 금줄은 '곰줄'이나 '검줄'이 되어야 맞는 말이다.

　신령의 은혜를 입었다는 고유어 '고맙습니다'에 비하면 한자말 '감사(感

謝)합니다'는 단순한 사의(辭意) 표시에 불과하다. '감사합니다'와 '고맙습니다'의 의미상의 차이를 영어로 옮겨 보면 그 차이는 더욱 분명해진다. 전자가 'Thank you'라면 후자는 'Thanks God!'에 해당되니, 이는 'God bless you!'쯤이 될 것이다. 한국어 고유어의 이 같은 속뜻까지 헤아린다면 평소 사의를 표할 때 '감사'보다는 '고맙다'는 고유어 쓰기를 주저하지 않으리라 믿는다.

한국어의 분야별 특징

1. 말소리〔音韻論〕에서의 특징

자국어가 아닌 다른 외국어를 들을 때 그 말뜻은 잘 알아듣지 못한다 해도 그것이 어느 나라 언어인지는 대충 짐작할 수 있다. 이는 직감적으로 느낄 수 있는, 그 언어가 가진 음성·음운적 특성으로 말미암은 것이다. 누구든 외국어를 배울 때면 가장 먼저 그 언어의 음운을 구분하여 발음하고, 그 발음을 알아듣는 훈련을 쌓아야 한다. 예컨대 영어의 경우라면 [f]와 [p]의 발음을 구별해 낼 수 있어야 하고, 한국어라면 '불〔火〕, 풀〔草〕, 뿔〔角〕'의 발음에 따른 의미 차이를 구분할 수 있어야 한다.

언어학에서 사람의 '말소리'에 대한 연구 분야를 '음운론(音韻論)'이라 한다. 음운론은 말소리 중에서도 '음성'만이 아닌, 심리적·추상적인 존재로서의 말소리인 '음운'을 그 연구 대상으로 한다. 여기서 음운(音韻)이라 하면 음(音)과 운(韻)을 합한 개념이다. '음'이라 하면 자음과 모음 같은 분절음(分節音)을 가리키고, '운(韻)'은 분절음 위에 얹혀서 실현되는 초분절음(超分節音)을 지칭한다. 초분절음은 소리의 강약, 높낮이, 길이 등과 같이 분절(分節)할 수 없는 요소를 가리킨다. 따라서 음운론은 분절음과 초분절음의 세계라 할 수 있다.

한국어는 풍부한 '말소리'를 가진 언어다. 한국인은 이런 말소리를 이용하여 자연계에서 나오는 어떤 자연음도 육성으로 흉내를 낼 수 있다. 여기에는 바람소리, 물소리, 개나 닭 또는 학의 울음소리에 이르기까지 모든 소리가 포함된다. 단지 흉내 소리만 내는 것이 아니다. 발음뿐 아니라 문자로도 그 소리를 근접하게 표기할 수 있다. 일본어나 중국어의 문자 표기와 비교해 보면 한국어 말소리의 다양성과 그 표기의 우수성을 짐작할 수 있다.

1) 분절음 체계에서

한국어 어문 규정(語文規定)에 의하면 한글의 자모(字母) 수는 로마자와 마찬가지로 24자로 구성되어 있다. 여기다 그것만으로 적을 수 없는 소리는 두 개 이상의 자모를 합쳐서 적는다는 규정으로 24자 이외에 따로 16자를 추가시킨다. 음성·음운 면에서 본 한국어의 특징을 음소와 운소(韻素), 그리고 음절과 음상(音相)으로 나누어 살펴보기로 한다.

한국어 **자음체계**(子音體系)는 인구어(印歐語) 계통의 그것에 비해 마찰음(摩擦音)이 적으나 파열음(破裂音)이 많은 편이다. 또 인구어의 자음체계가 유성음(有聲音)과 무성음(無聲音)의 2중 체계인 데 반해, 한국어는 예사소리〔平音〕·된소리〔硬音〕·거센소리〔激音〕의 3중 체계로 구성된다. 이해를 돕기 위해 한국어의 자음체계를 인구어 계통의 그것과 비교해 보인다.

인구어 자음의 2중 체계
무성음 : p, t, k, tʃ, f, s, ʃ
유성음 : b, d, g, ʤ, v, z, ʒ

한국어 자음의 3중 체계

예사소리〔平音〕: ㅂ, ㄷ, ㄱ, ㅈ, ㅅ

된소리〔硬音〕: ㅃ, ㄸ, ㄲ, ㅉ, ㅆ

거센소리〔激音〕: ㅍ, ㅌ, ㅋ, ㅊ

한국어 자음은 이처럼 유·무성음이 비변별(非辨別)인 데 반해, 평(平)·경(硬)·격(激)음의 변별로 인하여 더 많은 음소를 보유하게 된다. 이들 세 부류의 자음들은 각기 독립적인 음소(音素)로서 상호 교체 사용도 가능하다. 예를 든다면 첫소리 자음 'ㄷ, ㄸ, ㅌ'은 영어에서 't'의 변이음(變異音)에 불과하지만 한국어에서는 '달〔月〕, 딸〔女〕, 탈〔假面〕'의 예에서처럼 각기 다른 의미를 나타낸다. 이는 곧 독자적인 음소(音素)로 설 수 있다는 뜻이다. 이 같은 현상은 언어생활에서 어감(音相)을 달리하여 표현의 다양성을 보여 주는 바탕을 마련한다.

한국어 자음에는 두음법칙(頭音法則)이라는 위치 제약이 있다. 둘 이상의 자음이나 'ㄹ' 혹은 'ㄴ'이 어두에 오지 못함이 그것이다. 영어 'Spring'에서는 여러 개의 자음이 첫소리에 오지만 한국어에서는 이를 '스프링'이라 하여 세 음절로 나누어 발음한다. 또한 '로인(老人)'이나 '녀자(女子)'를 '노인', '여자'로 적고 발음하는 것도 첫소리 자음의 위치에 따른 제약이라 할 수 있다.

한국어 자음 중 음절 말 위치에 오는 파열음(破裂音, 곧 ㄱ, ㄷ, ㅂ, ㅅ, ㅈ 등)이 파열되지 않음이 한국어 자음의 또 다른 특징이다. 음절 말 위치에 오는 파열음이 터뜨림의 단계를 거치지 않고 닫힌 상태로 발음되는 현상이다. 예컨대 '밭(田)'이 [받]으로, '꽃(花)'이 [꼳]으로 발음되는 것은 모두 이 같은 현상(말음법칙(末音法則))이라 할 수 있다.

한국어 **모음체계**(母音體系)는 기본 모음 10자에 겹쳐 적는 11자의 중모음(重母音, 複母音)을 합해 총 21자의 모음으로 구성된다. 이들 중 단모음(單母音)은 본래 'ㅏ, ㅓ, ㅗ, ㅜ, ㅡ, ㅣ'의 6개였으나(고대에는 'ㆍ'음이 존재했으나 후대에 소멸) 훗날 'ㅐ, ㅔ, ㅚ' 등이 추가되었다. 현대어에서 중모음은 'ㅑ, ㅕ, ㅛ, ㅠ, ㅒ, ㅖ, ㅘ, ㅙ, ㅟ, ㅞ, ㅢ' 등이 사용되고 있다.

한국어 모음의 주요 특징으로 **모음조화**(母音調和)를 들 수 있다. 모음조화란 'ㅏ', 'ㅗ'는 'ㅏ', 'ㅗ'끼리, 'ㅓ', 'ㅜ' 는 'ㅓ', 'ㅜ'끼리 어울리는 현상을 일컫는다. 성질이 비슷한 모음끼리 결합함으로써 발음을 쉽게 하기 위함이다. 이런 모음조화는 '졸졸, 줄줄, 찰랑찰랑, 출렁출렁'의 예에서 보듯 의성어와 의태어에서 더욱 두드러지는 현상이다.

한국어의 모음체계에서 'ㅓ'와 'ㅡ'의 존재는 외국어의 입장에서 보면 좀 특이하다. 'ㅓ'와 'ㅡ'는 단모음 중 음성모음에 속하며, 체계 내에서도 비교적 높은 비중을 차지한다. 이 두 모음을 일부 한국인은 물론 한국어 발음에 서툰 외국인들은 잘 구분하지 못한다. 뿐 아니라 이 두 모음을 외국어로 표기할 때도 마땅한 음성 부호(音聲符號)를 찾지 못하여 곤란을 겪는다. 또 하나 발음하기 어려운 모음은 'ㅢ'라는 중모음이다. '의사(醫師)'라는 말을 [으사]나 [이사] 등으로 발음하는 한국인 자신들도 제대로 발음하지 못하는 실정이다.

2) 운율 체계에서

한 언어의 음운에는 음소(音素) 말고도 '운소(韻素)'라는 자질이 있어 말소리에 대한 변별 기능을 보충해 준다. 곧 자음과 모음 이외에 해당 음소를 얼마나 길게 내고, 크게 내며, 높게 내느냐에 따라 뜻의 차이를 분명히

하는 것이다. 이들 운소는 단독으로 독립하여 쓰이지 않고 주로 모음에 얹혀서 사용된다. 곧 음의 장단(長短, Length) · 고저(高低, Pitch) · 강약(强弱, Stress) 등을 말하는데, 통틀어 '**운율적 자질**(韻律的 資質)'이라고도 한다.

자음과 모음은 하나씩 이어지며 계기적(繼起的)으로 실현되어 하나씩 끊어낼 수 있다고 하여 이를 '분절음(分節音, Segment)'이라 한다. 그런데 이런 것과 구별하여 운율적 자질들은 이들에 얹혀서 그것들과 동시에 실현되기 때문에 끊어낼 수 없다고 하여 '초분절음소(超分節音素)'라 부르기도 한다. 흔히 '악센트(Accent)'라는 용어도 쓰이는데, 그 용법은 엄격하게 제한되어 있지는 않다.

운율적 자질에는 '악센트' 이외에 길이를 결정하는 요소인 음의 장단(長短), 곧 '음장(音長)'이 있다. 이런 음장과 같은 운율적 자질을 가진 음소를 특별히 '운소(韻素)'라 하여 일반 음소와 구별한다. 한국어 자음에도 장단이 있을 수 있으나 운율적 자질로서 음장을 말할 때는 대개 모음의 길이를 가리키는 것이 보편적이다.

운율적 자질이 그리 큰 역할을 하지 못하는 한국어에 비해 중국어는 운율적 자질이 절대적인 역할을 담당한다. 중국어를 대표적인 **성조어**(聲調語, Tone-language)라 일컫는 이유가 바로 그것이다. 한국어도 과거에는 성조가 변별적 자질을 가졌던 시기가 있었다. 지난날 한국어가 성조어였음은 15세기 훈민정음에 찍힌 '방점(傍點)'이 그 증거가 된다. 당시 문헌 자료에는 글자 왼쪽에 점을 찍어 사성(四聲)을 구별하였다. 여기서 '예사소리', 곧 '평성(平聲)'만은 아무런 표시도 하지 않았으나 높은 소리 '거성(去聲)'은 점 하나를 찍었다. 또 처음은 낮고 뒤가 올라가는 '상성(上聲)'은 점 두 개를 찍어 성조를 표시하였다.

이런 운소는 지금은 경상도말과 같은 일부 방언에서 그 흔적을 보일 뿐

중세 이후로 점차 변별 기능을 상실하게 되었다. 현대어에서 흔적을 찾는다면 '눈〔眼, 雪〕'이나 '밤〔夜, 栗〕, 말〔言, 馬, 斗〕, 배〔腹, 舟, 梨, 倍〕' 등과 같은 일부 단어에 남아 있을 뿐이다. 그것도 소리의 길이, 곧 음장(音長)으로 인한 변별 기능 정도이다.

3) 음절(音節) 구조에서

한국인들은 말소리의 단위로서 음운보다는 **음절**을 더 분명히 인식한다. 이처럼 음절의 역할이 큰 언어라는 것이 한국어 말소리의 또 다른 특징이 될 수 있다. 예컨대 '사랑한다'는 말이 네 글자라는 사실은 누구든지 잘 알 수 있다. 그러나 이 말이 몇 개의 음운으로 구성되어 있는지에 대해서는 잘 모른다. 그만큼 음소보다는 음절 단위를 잘 인식하고 있다는 증거이다.

한글은 앞서도 말한 바처럼 로마자와 같은 음소문자(音素文字)이면서도 영어의 알파벳과는 표기 방식이 판이하다. 알파벳처럼 한 줄로 '풀어쓰기'보다는 음절 단위로 '**모아 쓰는**' 방식을 취한다. 모아쓰기에 전혀 불편을 느끼지 않는 것도 한국어 음운 조직이 음절이란 단위를 중심으로 이루어졌음을 보여 준다. 약어(略語)를 만들 때도 영어 같으면 'TV(Television), PC(Personal Computer)'처럼 첫 음운을 따오지만, 한국어에서는 '수능(수학능력시험), 안행부(안전행정부)'에서 보듯 첫 음절을 따오는 것으로도 음절의 역할을 알 수 있다.

한국어 음절(音節)은 개음절어(開音節語)와 폐음절어(閉音節語)가 골고루 분포되어 있는 것이 또 하나의 구조적 특징이다. 개음절어라 함은 한 음절에서 받침이 없는 모음만으로 이루어지거나 받침이 있어도 유성자음(有聲子音), 곧 'ㄴ, ㄹ, ㅁ, ㅇ'이 붙는 경우를 말한다. 이는 개음절어가 주종을 이루는 중국어나 일본어와는 구별되는 또 다른 특징이라 하겠다.

4) 음상(音相)에서

앞서 한국 언어문화의 특성 중 하나로 '감성주의'를 든 적이 있다. 한국
어는 한민족의 감성적인 면을 잘 보여 주는 **감각적인 언어**다. 이런 감각
적 · 감성적인 특성은 음운과 같은 작은 소리 단위부터 드러난다. 외국어
라면 고작해야 청각적인 인상에 의해 발음 흉내로 그칠 뿐이다. 하지만 한
국어에서는 음상을 이용해 단계별 강도에 따라 미묘한 느낌에까지 그 표
현법이 매우 자연스럽다.

한국인의 의식 속에는 개개 음운의 발음(음상)과 표현 의미 사이에 밀
접하고도 체계적인 연관이 있다고 믿는다. 발화 중 모음 하나 자음 하나만
을 어떤 규칙 아래 교체함으로써 어감(語感)을 달리 나타낼 수 있는 것이
다. 이런 현상은 의성(擬聲) · 의태(擬態)의 시늉말〔象徵語〕에서 더 큰 효력
을 발휘한다. 곧 모음에서의 음양(陰陽)의 교체와 자음에서의 평 · 경 · 격
음의 교체로 어감을 달리함으로써 표현의 다양성이 실현된다. 가령 물체
가 어디에 부딪치는, 다음과 같은 의성어 예를 잘 음미해 보도록 하자.

잘가닥 – 잘까닥 – 짤까닥 – 찰가닥 – 찰까닥 – 찰카닥 – 짤카닥
절거덕 – 절꺼덕 – 쩔꺼덕 – 철거덕 – 철꺼덕 – 철커덕 – 쩔커덕

이상은 자음과 모음의 음상을 이용해 소리의 미세한 음감까지도 세부적
으로 나타내는 예다. 곧 모음에서의 양성모음(ㅏ)과 음성모음(ㅓ)의 차이,
자음에서의 평음(ㅈ)과 경음(ㅉ), 격음(ㅋ)의 차이로 이처럼 다양한 표현이

가능해지는 것이다.

"아 해 다르고 어 해 다르다."는 말은 바로 이를 두고 이름이다. 양·음성의 **모음교체**(母音交替)는 이처럼 그 의미까지도 바꿀 수 있다. 어둠의 정도를 나타내는, '감감하다>깜깜하다>캄캄하다'를 모음 하나만 바꾸어 '검검하다>껌껌하다>컴컴하다'가 된다. 대체로 'ㅏ, ㅗ'와 같은 **양성모음**은 밝고 작고 귀엽고 명랑한 인상을 준다. 'ㅓ, ㅜ'와 같은 **음성모음**이 어둡고 크고 어색하고, 음흉한 느낌을 주어 양성모음과 대조를 보인다.

모음교체 현상의 또 다른 예로 '맛〔味〕과 멋〔風味, 魅力〕, 거짓말과 가짓말, 고소하다와 구수하다'를 통해 이들 두 낱말의 의미 차이를 비교해 볼수 있다. 흔히 '**맛**'이라고 하면 어떤 음식에 구미(口味)가 당길 때 쓰는 말이요, '**멋**'이라고 하면 주로 사람이 풍기는 맛〔風味〕, 곧 매력(魅力)을 의미한다.

"거짓말 마!"라고 말하면 화자가 불만에 가득 찬 표정이겠지만, "에이가짓말!"이라면서 가볍게 눈을 흘기면 입가에 웃음이 번지는 화자의 표정을 떠올린다. '**고소하다**'는 평소 미워하던 친구가 어려운 처지에 놓이면 '고소해'하지만, 걸쭉한 입담으로 좌중을 흥겹게 해 주는 친구를 가리켜 '구수한 사람'이라 치켜세운다.

이 밖에도 '늙다〔老〕와 낡다〔朽〕, 살〔歲〕과 설〔元旦〕, 맑다〔淸〕와 묽다〔淡〕, 쓰레기와 시래기' 등도 의미가 달라지는 예이다. **쓰레기**는 내버려야 할 폐기물이지만 **시래기**는 구하지 못해 안달하는 귀한 음식물이다. 시들어 버린 무청이나 배춧잎 같은 쓰레기를 그냥 버리지 않고 말려 두면 요즘 유행하는 '웰빙 음식'의 좋은 재료가 되기 때문이다.

모음뿐 아니라 **자음교체**(子音交替)에 의해서도 예외 없이 어감이 달라진다. 이를테면, 무엇이 돌아가는 모습을 묘사하는 의태어 **빙빙**과 **뼁뼁**, 그리고 **핑핑**은 그 회전하는 속도나 이를 보는 사람의 느낌이 확연히 다르다. 비만(肥滿)의 정도를 나타내는 **똥똥**, **뚱뚱**, **통통**, **퉁퉁**의 경우도 매한가지다.

'감감하다>깜깜하다>캄캄하다'의 예에서 보듯 대체로 평음은 평탄하고 순한 느낌을 준다. 반면 경음이 **빡빡**하고 뭉치고 긴장된 느낌이라면 격음은 힘차고 폭발적으로 강하고 박력 있는 느낌이다. 또한 자음교체에 의한 어휘 변화는 모음의 경우에서와 같이 어감의 수준을 넘어 의미의 변질을 가져오기도 한다. '덜다〔減〕와 털다〔拂〕, 뛰다〔躍〕와 튀다〔彈〕, 뜨다〔隙〕와 트다〔裂〕'의 예가 바로 그런 것들이다.

이처럼 한민족의 독특한 감각성은 많은 의성·의태의 시늉말에서부터 한 단계 차원을 높인 상징어까지 양산하고 있다. 한국어는 분명 눈으로 보는 '로고스적' 언어가 아니라 귀로 듣는 '파토스적' 언어라 해도 좋을 것 같다. '눈의 문화'라 일컫는 시각적인 면보다 '귀의 문화'라 일컫는 청각적인 면이 더 발달했기 때문이다. 보는 것이 '로고스적'이라면 듣는 것은 '파토스적'이다. 눈의 문화의 특성을 지성적·이성적·논리적·능동적이라 한다면 귀의 문화는 정적(情的)·감정적·직감적·수동적이라 할 수 있다.

2. 형태·어휘(語彙)에서의 특징

1) 단어 형성법〔造語法〕의 발달

지구상의 언어를 형태상으로는 세 유형으로 나눈다. 굴절어(屈折語)와 첨가어(添加語, 혹은 附着語), 그리고 고립어(孤立語)가 그것이다. 영어가 대표적인 굴절어요, 중국어가 대표적인 고립어라면 한국어는 첨가어에 속할 것이다. **첨가어**란 기본 어휘에 다양한 문법 형태소가 첨가되어 문장을 형성하는 유형이다. 여기서 문법 형태소란 체언에 붙는 조사(助詞)와 용언에 붙는 어미(語尾), 그리고 각종 접사(接辭, 접두사와 접미사)들을 가리킨다.

형태상 이 세 가지 유형을 '나(I, 我)'라는 1인칭 대명사를 예로서 설명해 본다. 영어에서 '내'가 주어로 쓰일 때는 'I'로, 관형어(소유격)로 쓰일 때는 'My'로, 목적어로 쓰일 때는 'Me'로 그 쓰임에 따라 형태가 굴절된다. 이에 대해 고립어에 속하는 중국어 '我'는 문장 어디에 놓이더라도 '我'라는 형태는 언제나 변함이 없다.

첨가어에 속하는 한국어는 어떠한가? '나'라는 말이 주어로 쓰인다면 '내(가)'로 되고, 관형어로 쓰이면 '나의'로, 목적어로 쓰이면 '나를, 나에게'로, 부사어로 쓰이면 '나부터, 나처럼, 나같이' 등의 형태로 어형이 바뀐다. 말하자면 한국어는 기본 어형 '나'에 '-가/이, -의, -를/을, -에게' 따위의 문법형태소(助詞)가 붙어 이 낱말의 문법적 기능을 표시하게 되는 것이다.

한국어 어휘는 여러 형태의 새로운 낱말을 만들어 내는 **조어법**(造語法)의 발달이 주요 특징이다. 조어법의 발달은 한국어가 첨가어라는 형태적 특성에 기인한다. 단어 형성법, 곧 조어법은 한 단어에서 기본적 형태소나 낱말이 본래의 의미를 잃지 않은 채 다른 요소와 결합하여 새로운 **복합어**(複合語, 또는 합성어)나 **파생어**(派生語)를 만들어 내는 기능이다.

한 예를 들어 본다. 한국어 '눈(眼, 目)'에 '물(水)'이란 말이 결합하면 그대로 '눈물'이란 새로운 낱말이 된다. 그렇다면 영어나 중국어의 경우는 어떠한가? 영어라면 'Eye-water'가 'Tear'를 아는 데 전혀 도움이 되지 않는다. 중국어의 '眼水'나 '目水'도 눈물을 뜻하는 '淚'나 '涕'를 아는 데 도움이 되지 않는 것과 마찬가지다. 한국어 '눈물'은 이 정도에서 그치지 않고 다시 '피눈물, 눈물바다, 눈물샘, 눈물방울, 눈물겹다, 눈물짓다' 등과 같이 얼마든지 더 많은 복합어·파생어를 만들어 낸다. 이처럼 조어법의 발달은 한 언어에서 소수의 기본 단어를 외우면 이보다 훨씬 더 많은 어휘를 자동으로 알 수 있다는 이점이 있다.

더구나 한국어 어휘는 70% 정도가 한자어로 형성되어 있다. 한자는 자체로 뜻을 지닌 표의문자(表意文字)로서 이것이 한국 고유어와 결합하여 자유자재로 복합 어휘를 생성해 낸다. 그만큼 새로운 말을 만들어 내는 생산성(造語力)이 뛰어난 것이다. 한국어 어휘는 처음 대하는 것이라도 누구든지 언뜻 그 말뜻을 짐작할 수 있다. 이를테면 '학(學)'이라는 한 개의 한자가 만들어 낼 수 있는 한자어 어휘가 얼마나 많은지를 생각해 보면 한자말이 지닌 조어력을 짐작해 볼 수 있다.

2) 한자어의 유입과 그 문제점

중국의 한자(漢字)·한문(漢文)이 한국에 들어와 한국식 한자·한자말로 다듬어지기까지는 많은 시간이 필요했다. 한자의 유입이 본격화되던 10세기경 삼국시대(三國時代) 초기에는 단순한 차용에서 시작되었다. 하지만 세월의 흐름에 따라 차용된 중국어 내지 한자어는 다음 예와 같이 점차 고유어처럼 인식하기에 이른다.

붓[筆], 먹[墨], 베[布], 대[竹], 되[斗], 자[尺], 그[其], 띠[帶], 살[矢], 절〔邸〕, 무늬[紋], 적-[誌], 닿-[達], 뛰-[跳] 등

이들 낱말은 일견 한국어의 고유어처럼 보이나 기실은 〔   〕속의 중국

한자음의 변질된 어형이다. 이 밖에도 이제는 고유어처럼 여겨지는, '싱싱하다(新新), 쟁쟁하다(錚錚), 생생하다(生生), 평평하다(平平), **빡빡하다**(薄薄), 쓸쓸하다(瑟瑟), 시시하다(細細)' 따위의 시늉말도 역시 한자어에서 유래한 서술어들이다.

이후 본래의 한자음을 그대로 수용하던 단계를 거치면서 점차 한국식 한자음으로 변모하기 시작한다. 다음의 예들을 보자.

> 무명〔木棉〕, 다홍〔大紅〕, 보배〔寶貝〕, 숭늉〔熟冷〕, 모과〔木瓜〕, 상투〔上頭〕, 가난〔艱難〕, 고함〔高喊〕, 대추〔大棗〕, 사발〔沙鉢〕, 사탕〔砂糖〕, 설탕〔雪糖〕, 김치〔沈菜〕, 배추〔白菜〕, 상추〔生菜〕, ······.

상기 예들은 본래 중국 한자어였지만 한국어의 음운 변화에 맞게 변질된 어형을 보여 준다. 한국어 어휘에서 한자어(漢字語), 또는 한자말이라면 말 그대로 한자를 직접 구성 요소로 하는 낱말을 가리킨다. 이 중에는 중국어의 일부로서 직수입된 예도 있고, 또 한자를 이용하여 한국인이 직접 만들어 낸 '한국식 한자말'도 있다. 다음의 예가 그러한 낱말들이다.

> 감기(感氣), 구경(求景), 고생(苦生), 수고(受苦), 생각(生覺), 병정(兵丁), 편지(片紙), 변소(便所), 서방(書房), 도령(道令), 동냥(動鈴), 사랑(思量), 복덕방(福德房), ······.

그런데 직수입된 것이든 자생한 것이든 모든 한자어는 중국식이 아닌 한국식으로 발음되기 때문에 이를 '한국식 한자어(Sino-Korean)'라 부르기도 한다.

일부 한자어는 이른 시기에 한국에 들어와 그 자체로 고유어처럼 인식되는 어휘도 있다. '한자의 고유어화'라 할 수 있는, 대표적인 **한국식 한자어**로 '정(情), 한(恨), 기(氣), 신(神), …' 등을 들 수 있다. 이들은 한자 본래의 뜻과 음은 유지되고 있으나 그 선호도나 사용 빈도 면에서는 한자의 본고장인 중국과는 비교도 되지 않는다.

그런데 이렇게 양산(量産)된 한자어가 이따금 고유어와 충돌을 일으키기도 한다. 이른바 한자말과 고유어가 함께 쓰이는 **겹침말**〔重複語, 疊語〕의 출현이 그것이다. '역전(驛前) 앞, 외가(外家)집, 석교(石橋)다리, 진(眞)짜 순(純) 참기름, …' 등과 같은 복합어가 그런 예들이다. 이런 겹침 현상은 낱말뿐 아니라 구절(語節)이나 문장 단위까지 확대되는 경우도 있다. '박수(拍手)를 치다.'나 '식사(食事)를 들다.'와 같은 표현이 그런 예이다. 여기서 '-치다, -들다'라는 서술어가 '박수-, 식사-'라는 목적어와 의미상 중복되고 있다. 이런 중복을 피하려면 '박수하다, 식사하다'가 되어야 맞는 말이다. 긴 어구의 예를 좀 더 들어 보이기로 한다.

이름 있는 유명(有名) 메이커, 할 수 있는 가능성(可能性), 다시 재발(再發) 하다, 일견(一見)하여 보기에는, 어려운 난국(難局), 스스로 자각(自覺)하다, 깨 끗이 청산(淸算)하다, 다함께 동참(同參)하다, 승전보(勝戰譜) 소식, 명문가(名 文家) 집안, 두 양(兩)팀이 득점 없이 0 대 0으로 비겼습니다, 여러분 라인 선 (線) 줄 안으로 들어오세요 등등

이상의 예는 한자어 의미만으로는 무언가 부족함을 느꼈음인지 그 위에 고유어 표현을 덧붙여 놓은 것들이다. 하나의 기우(杞憂) 현상에서 나온 참으로 희한한 표현법이라 하지 않을 수 없다.

3) 한자어와 고유어, 그리고 외래어

앞서, 한자 · 한문이 중국 고유의 문자이긴 하나 이웃 나라로 퍼져 나가면서 그곳 현지 언어에 동화되어 독자적인 변화를 가져왔다고 했다. 한자는 전래 초기에는 형태나 의미 면에서 어느 정도까지는 동일성을 유지했을 것이다. 그러나 오늘날에 이르러 한자가 더 이상 한자문명권의 공통문자가 아니라고 할 만큼 전래 지역 자체의 고유성을 드러내게 되었다.

발음상으로 보면, '한국인(韓國人)'을 중국인들은 [항궈런]으로 발음하고, 일본인들은 [강고쿠징]이라 발음한다. 음(音)만이 아니라 의미 역시 변질된 예가 있다. 중국어 '東西'는 동 · 서쪽을 가리키는 방위어가 아니라 단순히 '물건'을 지칭하는 말이다. '兄弟' 또한 형과 아우가 아니라 '동생'만을 가리키는 말로 쓰인다.

일본의 경우도 예외는 아니다. 일본어 '馬鹿'은 말과 사슴이 아니고 '바보 자식'이란 욕설로 변질되었다. '大丈夫' 역시 지체 높은 남성을 지칭하는 말이 아닌 그저 '괜찮아요' 정도의 의사 표시에 지나지 않는다. 따라서 한자의 본고장인 중국을 제외하고는 어휘 면에서 한국은 '한국 한자어', 일본은 '일본 한자어'라고 독자적으로 칭함이 마땅하리라 본다.

앞서 한국어 어휘에 대하여 고유어 · 한자어 혼용 및 양자의 충돌 현상에 대하여 언급하였다. 그런데 지금의 어휘 구조는 이 두 가지에 최근 서구에서 들어온 외래어까지 끼어들어 **어휘의 3중 구조**를 형성하게 되었다. 이들 3어군(語群) 간에는 현저한 위상적(位相的) 대립 현상까지 보여 준다.

소(牛)의 젖을 가리키는 '우유'를 예로 든다. 한자말 '우유(牛乳)'에 대한 외래어는 '밀크(Milk)'이며, 여기 해당하는 한국 고유어는 '쇠젖'이 된다. 같은 의미를 가진 이 세 가지 호칭을 한국인들은 어떻게 인식하고 있을까?

가장 널리 쓰이는 '우유'라는 한자말은 새로운 맛은 없어도 그저 고상하고 점잖은 편이라 여긴다. 대신 영어 '밀크'는 참신하고 세련미가 있어 사용자가 현대적이고 유식하다는 느낌을 준다. 그러나 고유어 **쇠젖**에 이르면 그만 이런 이미지는 깨지고 만다. 더구나 호텔 같은 고급스러운 장소에서 '쇠젖'이라는 고유어는 도저히 어울리지 않을 터이다.

쇠젖의 예에서만은 아니다. 한국인에게 자신들의 고유어는 대체로 촌스럽고 고리타분하다는 인식이 지배적이다. 단어 자체가 풍기는 점잖음이나 고상함, 또는 참신함과 유식함과는 거리가 멀다고 생각하는 것이다. 이런 인식은 또 다른 예, 곧 '엉덩이─둔부(臀部)─히프'를 위시해서, '계집─부인(婦人)─마담'과 '덤삯─상여금(賞與金)─보너스'에 이르러서도 별반 다름이 없다.

어휘의 3중 구조는 낱말만이 아니라 구(句)나 문장 단위까지도 그대로 적용된다. 다음은 고유어, 한자어, 외래어가 뒤섞여 쓰인 예문이다.

어린이 잡화(雜貨) 바겐세일(Bargain sale), 아침 TV 방영(放映)

이런 예문을 보면 외래어를 받아들이는 한국인의 자세가 너무나 관대하다는 느낌이다. 최근 국제화의 바람이나 상업주의에 편승한 언론 매체, 특히 방송의 역할이 이런 풍조를 만연시킨 결과라 생각된다. 그런데 한국이나 일본과는 달리 중국만은 외래어 수용에 대해 인색하다. 중국어에 있어 자국어 보호 정책은 분명 현금(現今)의 세계화·국제화의 조류와는 부합되지 않는다. 그러나 자국 고유 언어의 순수성을 보호한다는 차원에서는 한·일 양국이 한 번쯤 눈여겨볼 만하다고 생각된다.

4) 고유어의 감각성

한국어 고유어가 내세울 수 있는 자랑거리는 **감성언어**다운 특유의 감각성이다. 의태어나 의성어와 같은 상징어에서 그 특성은 유감없이 발휘된다. 이들 상징어는 개개 낱말의 의미를 구분해 내기보다는 어디까지나 감정을 동반한 표현의 다양성을 추구한다. 한국인 화자들은 자신이 낸 발음〔音相〕과 그 표현 의미 사이에 밀접하면서도 체계적인 상관관계가 작용한다고 믿고 있다.

한국어 어휘 중 조류나 곤충의 이름에는 그것이 내는 울음소리에서 따온 예가 많다. 맴맴 울기에 **매미**이며, 개골개골 울기에 **개구리**가 되고, 기럭기럭 울기에 **기러기**라 부른다. 뿐인가, 딱따구리, 부엉이, 뻐꾸기, 뜸부기, 꾀꼬리, 쓰르라미 등도 울음소리 흉내가 그대로 이름으로 굳어진 예들이다. 동물뿐 아니라 사물 이름도 마찬가지다. 전통 악기 징〔銅鑼〕도 그것이 내는 소리 자체를 그 이름으로 삼았다. 수면 위를 떠다니는 배도 그것이 내는 소리에 따라 **통통배**가 되기도 하고 **똑딱배**가 되기도 한다.

상징어 중에는 소리 흉내만이 아니라 그것이 생긴 모양새에 따라 느낌을 표현하는 의태어 이름도 있다. 이를테면 무를 깍둑깍둑 썰었다고 하여 '깍두기'요, 얼룩덜룩한 무늬가 있다고 하여 '얼룩이', 누덕누덕 기웠다 하여 '누더기', 뚱뚱하게 살이 쪘다 하여 '뚱뚱이', 반대로 홀쭉하게 살이 빠졌다 하여 '홀쭉이'나 '날씬이', 가볍게 행동한다 하여 '날라리' 등 그 예는 얼마든지 더 있다.

한국어의 감성은 인간이 느끼는 5감(感) 표현에 두루 미친다. 다섯 감각 중에서도 특히 맛〔味覺〕 표현에 관한 한 한국어를 따를 언어는 없을 듯하다. 이를테면 '시큼달큼, 달콤새콤, 달착지근, 삼삼하다'와 같은 미각 용어들은 어떤 외국어로 옮겨도 그 미세한 의미 차이를 나타내지 못할 것이다.

미각 표현에 대한 한국 고유어는 그리 많은 편이 아니다. 고작해야 '달다, 쓰다, 맵다, 싱겁다, 짜다, 시다, 떫다, 밍밍하다, 텁텁하다, 느끼하다, 고소하다, 부드럽다, 깔깔하다, 껄쭉하다, …' 정도에 불과하다. 이처럼 어휘 목록은 대단한 것은 아니지만 그 맛의 깊이를 나타내는 다채로운 표현법은 무한대에 가깝다.

우선 단맛의 예를 보자. 아주 달면 **달디달다**요, 알맞게 달면 **달콤**이요, 약간 달다면 **달짝**지근이다. 거기다 달콤하면서도 신맛이 곁들이면 **달콤새콤**이 된다. 신맛도 활용성에서 이런 방식과 유사하다. **시디시다**에서 시금 · 시큼 · 시쿰 · 새쿰으로 변용되고, 다시 **시금털털** · **시그무레** · **새그랍고** · **새콤새콤**을 거쳐 약간 싱거운 듯하면서도 맛깔이 있다는 **심심하다**나 **삼삼하다**에 이르면 그 뉘앙스는 절정에 달한다.

'삼삼하다'는 "맛이 약간 싱거운 듯하면서도 맛깔이 있다."는 것이 사전적 의미이다. 이런 오묘한 맛은 비단 미각의 표현에만 그치지 않는다. 때로 잊혀지지 않아 눈에 어린다는 뜻으로도 옮겨 간다. 이를테면 군(軍)에가 있는 아들 얼굴이 어머니의 눈에 늘 삼삼하고, 떠난 임의 목소리가 연인의 귓가에 삼삼하게 남는다. 뿐만 아니라 늘씬한 몸매를 과시하는 아가씨를 볼 적이면 뭇 남성들은 "참, 삼삼한데……."라면서 탄성을 발한다. 이쯤 되면 의미 영역이 미각뿐 아니라 청각이나 시각 등 그야말로 공감각(共感覺)적으로 확대되는 순간이다.

상징어의 감각성은 촉감(觸感) 표현에도 예외가 없다. 어떤 외국인은, 한국인은 서구인보다 육체나 감정 등 촉각으로 사물을 파악하는 데 길들어 있다고 말한다. 흔히 쓰는 말 가운데 신체적인 기능에 대한 비유가 많은 것도 이런 촉각적 성향에 의한 결과다. 예컨대 욕망을 억제하는 불안정한 상태를 근질근질하다는 말로 표현하고, 자극적인 순간을 **따끔하다**면서 피부 감촉에 빗대는가 하면, 사리 분별이 무딘 사람을 일러 눈이 멀었다면서 몹시 나무라기도 한다.

청각(聽覺)에 있어서도 뛰어난 표현력을 자랑한다. 코 고는 소리를 나타낼 때도 '쌕쌕, 쌔근쌔근, 콜콜, 쿨쿨, 드르릉드르릉, …' 등 다채롭기 그지없다. 잠자는 이의 연령이나 자는 모양새에 따라 각기 달리 묘사되어 'Z z z…'의 한 기호로만 표시되는 영어와는 그 섬세함에서 비교가 안 된다. 신체 어디가 아플 때라도 그 증세를 설명하는데, 해당 부위나 통증의 정도에 따라 '살살, 사르르, 옥신옥신, 욱신욱신, 지끈지끈, 묵지끈, **뻐근, 뻑찌끈,** **쿡쿡, 콕콕,** …' 등으로 달리 표현된다. 이런 섬세한 한국어 표현법을 어떤 다른 언어로 그대로 옮길 수가 있을까?

3. 문장〔文法〕에서의 특징

1) 한국어의 기본 문형(文型)

어떤 언어에 대하여 소리나 단어를 일부 안다고 해도 그 언어를 말할 줄 안다고는 하지 않는다. '말을 할 줄 안다.'는 건 정확히 말하여 '문장을 만들어 쓸 줄 안다.'는 뜻으로 쓰인다. 영어를 할 줄 안다고 하면 영어 문장을 만들어 쓸 줄 안다는 뜻이다. 언어 형식은 문장에 이르러 비로소 완성되는 것이다.

특정 언어의 문장 구조에 대해서 연구하는 분야를 '통사론(統辭論,

Syntax)'이라 한다. 이 분야는 언어 의미의 가장 작은 단위인 단어로부터 가장 큰 단위인 문장에 이르기까지의 구조를 다루게 된다. 그리고 단어와 문장 사이에는 '구(句)' 또는 '절(節)'과 같은 중간 단위의 구성 성분들이 상호 위계적 구조를 가지면서 결합된다.

결국 말이나 글을 구조적인 단위로 나누어 보면 '단어(單語, Word)<구(句, Phrase)/절(節, Clause)<문장(文章, Sentence)'으로 이루어진다. 단어는 문장을 구성하는 기본 성분들이지만 이것만으로 문장이 성립되지 않는다. 언어생활에서 단어만으로 완전한 의미 내용을 전달할 수는 없고, 적어도 구나 문장이 되어야 완전한 생각의 단위(사건이나 사태)를 전달할 수 있다.

문장을 이루는 기본 성분은 주어와 서술어, 그리고 목적어, 보어, 부사어가 있다. 주어는 서술어가 나타내는 행위의 주체이거나 서술어가 나타내는 상태의 대상이다. 서술어는 그런 주체나 대상을 서술(敍述)하는 말이기 때문에 가장 기본적인 문형은 '주어+서술어'가 된다.

목적어는 서술어가 표현하는 주체의 행위 대상이 되고, 보어는 주어를 보충 설명해 주는 말이다. 부사어는 서술어의 행위가 일어난 장소나 시간, 원인 및 행위가 일어나는 데 쓰이는 재료나 도구, 수단 등을 나타낸다. 서술어의 기본 위치가 문장의 맨 끝이므로 목적어와 보어, 부사어는 주어와 서술어 사이에 놓이게 된다.

이상을 정리하여 한국어 문장의 기본 어순에 따른 예문을 들어 본다.

- 꽃이 피었다.
  (주어+서술어)
- 꽃이 예쁘게 피었다.
  (주어+부사어+서술어)

- 아이가 꽃을 바라본다.

  (주어+목적어+서술어)

- 이것은 꽃이 아니다.

  (주어+보어+서술어)

- 아이가 꽃을 멀리 던졌다.

  (주어+목적어+부사어+서술어)

2) 서술어 중심의 문장

한 문장에서 그것을 구성하는 각종 문법 단위가 놓이는 순서, 곧 어순(語順)에서 한국어 문장의 특징을 찾는다. 한국어 문장의 어순은 '주어+목적어+서술어'의 순서로, 소위 말하는 'SOV'형에 속한다. 곧 주어 다음에 목적어나 보어가 연결되고 서술어는 맨 뒤에 놓인다.

영어나 중국어에서처럼 주어와 서술어가 직접 연결되고, 그 뒤에 목적어나 보어가 놓이는, 'SVO'형과는 확연히 비교되는 어순이다. 지구촌 언어 중 대략 47%가 SOV형에 속하고, 32%가 SVO형에 속한다고 한다. 두 유형 이외에도 나머지 16%가 서술 동사가 맨 앞에 놓이는 VSO형에 속하고, 이 밖에 5% 남짓이 VOS형에 속하는 것으로 알려져 있다.

사랑 고백에서 쓰이는, "나는 너를 사랑한다."라는 예를 들어 보자. 영어로는 "I love you", 중국어로는 "我愛你"가 가장 평범한 구애의 말이다. 여기서 서술 동사 'love'나 '愛'가 목적어 'you'나 '你'의 앞에 놓인다. 한국어로 그대로 옮기면 "나는 사랑한다 너를."이 되어 수사법상 일종의 도치형 문장이 될 것이다.

SOV형에서처럼 서술어가 맨 뒤에 놓이는 문장은 의미 전달에 있어 어떤 요소보다 서술어의 역할이 강조된다. "나는 너를 사랑한다."는 한국어 표현에서 주어 '나'와 목적어 '너'보다는 '사랑한다'는 그 말(서술어)이 단연 중요하다고 여기는 것이다. 사실, 두 사람만의 은밀한 대화에서라면 그도 저도 필요 없이 그저 "**사랑해.**"라는 한 마디 서술 동사로도 충분하다. '누가', '누구를' 같은 주체나 객체를 굳이 따지지 않더라도 애정 표현에는 별로 지장이 없겠기 때문이다.

영어나 중국어와 같은 SVO형 어순은 대상과 그 판단을 미리 듣고 나머지 내용을 추가로 듣는 서술 방식이다. 반면 SOV형 어순은 SO에 대한 정보를 아무리 많이 듣는다 해도 결국 V를 듣게 될 때까지는 그 대상이 가지는 판단은 일단 유보해야 한다. 따라서 SVO형 언어는 청자가 비판적으로 들을 수 있다는 장점이 있으나 청자를 끝까지 붙들어 두는 긴장감이 부족하다는 단점이 지적되기도 한다.

한국어 문장은 서술어에 무게 중심을 두다 보니, 때때로 주어(S)나 목적어(O)와 같은 문장의 주요 성분을 생략할 수도 있다. 이를테면 "나는 너를 사랑한다."는 표현을 간단히 "나는 사랑한다." 혹은 "너를 사랑한다."고 말해도 의사전달에는 이상이 없다. 그것도 여러 사람들 앞에서가 아닌 호젓한 장소에서 두 사람만의 은밀한 대화라면 더더욱 그러하다. 이렇듯 문장의 주요 성분마저 생략되는 표현법이 별 무리 없이 통용됨이 한국어의 또다른 특징이다. 이는 한국어가 '상대 중심'의 언어이자 '상황 중심'의 언어이기에 가능하다. 여기에 한국어가 감성언어라는 사실도 덧붙일 수 있다.

한국어의 이 같은 표현법에 문제가 없는 건 아니다. 간단한 형식의 대화라면 별반 문제가 없다. 그러나 보다 복합적이고 공식적인 상황에서는 논리성과 합리성의 결여란 결함을 드러낼 수가 있다. 감성의 바탕 위에서 상대나 상황 중심의 대화가 지속되다 보면 아무래도 표현상의 애매모호성(曖昧模糊性)을 수반하게 된다. 때로 이 같은 모호성, 불투명성은 시간이나 장소, 또는 상황에 따라 심각한 오해를 불러올 수도 있다. 표현의 불투명성은 정확한 의사표시나 전달에는 분명 장애 요소로 작용하기 때문이다.

3) 문법 요소(조사 · 어미)의 기능

한국어 문장은 어휘 요소를 중심으로 여기에 문법 요소가 연결됨으로써 문법적 단위를 형성한다. 어휘 요소라면 의미를 가진 부분이요, 문법 요소라면 조사나 어미와 같은 문법적 기능을 수행하는 부분이다. **조사**(助詞)는 명사 · 대명사 · 수사와 같은 체언(體言)에 붙는 대신, **어미**(語尾)는 끝바꿈[活用]을 하는 형태로서 동사 · 형용사와 같은 용언(用言)에 붙어 문법적 기능을 수행한다.

앞서 예를 든 "나는 너를 사랑한다."는 문장은 '나, 너, 사랑하-'가 뜻을 나타내는 어휘 요소이고, '-는, -를, -ㄴ다'가 문법적 기능을 나타내는 문법 요소이다. 문법적 기능을 수행하는 조사나 어미가 체언이나 용언에 연결됨으로 해서 한국어를 '후치적(後置的) 언어'라 말하기도 한다. 이런 후치성(後置性)을 한국어 화자라면 아주 당연한 것으로 받아들이지만 전치사(前置詞)를 가진 인구어 계통 언어와는 비교가 된다.

조사는 한 문장의 성격을 좌우할 만큼 문장 속에서 차지하는 비중이 크다. 조사에는 체언이 문장 속에서의 격(格, Case)을 나타내는 격조사와 격이 없이 특별한 뜻을 부가시키는 **특수조사**[補助詞]가 있다. 두 유형 중 특수조사는 단순한 문법적 기능뿐만이 아니라 미묘한 화용론적인 효과까지 수행한다. 아래 예문을 읽고 각 예문의 의미 차이를 음미해 보도록 하자.

나는 영희를 사랑한다. 나는 영희는 사랑한다.

나는 영희도 사랑한다. 나는 영희만 사랑한다.

나는 영희까지(도) 사랑한다. 나는 영희마저(조차) 사랑한다.

그리고 이들 조사나 어미는 한 번에 하나, 혹은 둘만 나타나는 것이 아니라 여러 개가 겹칠 수도 있다.

학교 정문에서부터라도 혼자서 가거라. (에+서+부터+라도)

참 기분이 좋으셨겠더군요. (으셨+겠+더+구+ㄴ요)

한국어에는 조사에 못지않게 용언에 붙는 **어미**(語尾) 역시 그 역할이 중요하다. 끝바꿈, 곧 활용(活用)을 특징으로 하는 어미는 활용 시 변하지 않는 부분을 선행어미(先行語尾)라 하고, 변하는 부분을 어말어미(語末語尾)라 한다. '사랑하다'라는 한 동사의 활용 예를 보기로 하자.

① 사랑하니, 사랑하고, 사랑하여, 사랑하므로, 사랑한다고

② 사랑하시니, 사랑하시었으니, 사랑하겠으니

③ 사랑한다, 사랑했다, 사랑하니? 사랑하자, 사랑해라

예문 ①에서 '사랑하-'라는 어간(語幹)에 붙는 '-니‧-고‧-여‧-므로‧-ㄴ다고' 등이 어미이며, ②의 '-시-‧-었-‧-겠-' 등이 어말어미 앞에 놓이는 선행어미들이다. 그리고 ①과 ②의 예가 문장이 다음으로 이어지는 '연결어미[接續法]'라 한다면, ③의 예는 그것으로 한 문장이 끝나는 '종결어미[終止法]'가 된다. 만약 외국인들이 이런 한국어 용언의 활용을 제대로

이해할 수 있다면 한국어 문법 해독에 한 걸음 더 다가서게 될 것이다.

4) 문법의 범주

어떤 언어든 그 언어의 내부 세계는 의미적으로 묶이고 구분되는 범주(範疇)라는 게 있다. 이를테면 남성이냐 여성이냐를 따지는 성(性), 단수냐 복수냐를 따지는 수(數), 과거 · 현재 · 미래와 같은 시제(時制)나 격(格) 등이 바로 범주가 된다. 이와 같이 의미적으로 묶이는 범주를 '의미' 또는 '개념' 범주라 하고, 이러한 의미 범주가 일정한 문법적 장치에 의해 구분될 때는 '문법 범주'라 한다.

문법 범주는 어느 언어에서나 굴절, 즉 어미 변화에 의해서 실현된다. 대표적인 문법 범주에는 격(格, Case), 수(數, Number), 인칭(人稱, Person), 성(性, Gender), 시제(時制, Tense), 상(相, Aspect), 서법(敍法, Mood), 태(態, Voice), 비교(比較, Comparison) 등이 속한다. 어떤 언어에 이 중 어떤 문법 범주가 있다는 것은 일반적으로 그런 문법 범주를 실현시켜 주는 굴절접사, 곧 어미들이 따로 있다는 사실을 의미한다.

어떤 언어에 어떤 문법 범주가 있으려면 그것을 담당하는 문법 형태소, 곧 문법적 장치가 있어야 한다. 의미 범주로서 단수와 복수의 구별이 없는 언어는 없을 것이며, 남성과 여성의 구별이 없는 일도 상상키 어렵다. 그러나 모든 언어에 남성과 여성을 구별해 주는 장치가 반드시 마련되어 있는 것은 아니며, 단수와 복수의 구분을 위한 문법적 장치가 어느 언어에나 있는 것도 아니다.

한국어는 문법 범주로서의 성(性)은 없고, 수(數)라는 문법 범주 역시 없다. 빵을 한 개를 먹었건 여러 개를 먹었건 간에 똑같이 "빵을 맛있게 먹었다."고만 말한다. 또 "달걀 열 꾸러미를 샀다."고 할 적에도 그 달걀이 복수임을 구별해 주는 형태소는 쓰이지 않는다. 그래서 한국어에는 수(數)라는 문법 범주가 없다고 말하는 것이다. 이런 점에서 시제와 상(相) 역시 한국어에서는 특별한 문법적 장치는 없다고 할 수 있다. 시상(時相)을 비롯하여 격(格)이나 태(態), 서법(敍法)에 대해서는 별도의 장에서 언급하기로 한다.

4. 담화·화법(話法)에서의 특징

1) 상대 중심의 상황 의존형

누군가가 실내로 들어올 때 한국인들은 보통 "문 닫고 들어 와!"라고 말한다. 추운 날 입실 후에도 방문을 닫지 않는 사람을 두고 이르는 말이다. "들어와서 문 닫아!"라고 했다면 모르겠다. 논리적으로 따진다면 '문 닫고 들어오라'는 말은 그야말로 말이 안 된다. 투명 인간이 아니고서야 어떻게 문이 닫힌 상태에서 실내로 들어올 수 있을 것인가. 그럼에도 한국인들은 이런 비논리적 표현이 문제가 된다고는 생각하지 않는다.

군이 그 연유를 따진다면, 그런 상황에서 한국인들은 어느 한 개인의 '출입'보다 '문을 닫는 행위'가 더 중요하다고 여긴다. 말하자면 중요한 사항을 앞에 두어 '강조'하려는 심리가 작용한 결과이다. 이런 심리가 직접 언어 표현에 반영되어 하나의 관습으로 굳어진 것이다. **상황 의존형**에 속하는 한국어 언어 표현의 한 사례라 할 수 있다.

또 다른 예를 들어 보자. 식당에서 음식을 주문할 때 "나도 냉면이야."라고 말하는 경우가 있다. 한 사람이 냉면을 시켰을 때 함께 온 다른 사람이 덩달아 하는 표현이다. 이 역시 말도 안 되는 비논리적인 말이다. 정확히 말하면 '나도 냉면을 먹겠다.'는 의사표시이지 내가 냉면 그 자체는 아닌 것이다. 한국 사회에서 이런 투의 표현이 의사소통에 지장을 주지 않는 것도 한국어가 상황 중심적이기 때문일 것이다.

어떤 언어든 대화 장면[談話]에서는 시간과 장소, 주변 환경이나 분위기, 화자와 청자 간의 친소(親疏) 관계, 당시의 화제(話題), 당사자들의 견해나 기분 등등이 고려되어야 한다. 어떤 대화 내용(문장)이든 그것을 정확히 파악하기 위해서는 이 같은 제반 상황을 충분히 참작하지 않으면 안 된다. 서술어가 큰 비중을 차지하는 한국어의 어순도 앞 장에서 언급한 것처럼 한국 고유의 생활양식이나 사고방식이 반영된 결과라 생각된다.

상대 중심 및 **의존형**에 속하는 한국인들의 대화에서는 앞서 말한 대로 문장의 주요 성분인 주어나 목적어가 생략될 수가 있다. 뿐만 아니라 많은 내용의 긴 문장이 아주 간략하게 축약될 수도 있다. '주객(主客)'이 생략되는 상황에서 동사나 형용사의 서술어만으로도 의사전달을 가능케 한다. 당사자들이 얼굴을 서로 맞댄 상태에서 말을 주고받기 때문에 '나' 또는 '너, 당신' 따위의 인칭대명사의 필요성을 느끼지 못하는 것이다.

상대 중심의 대화에서 특징적인 현상은 상대가 누구냐에 따라 존대하는 정도가 확연히 달라진다는 사실이다. 사람과의 만남에서 영어라면 누구에게나 "How are you?"나 "Good morning?" 정도면 일상적인 인사가 될 수 있다. 그러나 한국어에서는 상대가 누구냐에 따라 "안녕<안녕하세요<안녕하십니까" 중에서 한 어투를 택해야만 한다. 착석을 권유할 때도 영어권에서는 그저 "Sit down."이면 족하다. 반면 한국에서는 "앉아<앉아라<앉아요<앉으세요<앉으십시오<좌정하십시오"라면서 상대에 맞도록 몇 단계 말투를 골라서 써야 한다. 존대의 경우, 영어라면 간단히 'Please'나

'Sir' 정도를 추가하면 그만이다. 그러나 이처럼 한국어의 존대법은 보다 체계적인 격식을 필요로 한다.

지금은 거의 쓰이지 않지만, 한국어 존대법에는 '압존법(壓尊法)'이라는 어법까지 있었다. 이를테면 손자가 할아버지 앞에서 자신의 아버지를 언급할 때 쓰이던 말투다. 자신의 아버지라도 할아버지에게는 역시 자식에 지나지 않는다. 그래서 할아버지 안전이라면 손자의 아버지 호칭은 '애비'가 되어야 맞는다. 압존법은 높이려는 대상보다 더 높은 상대 앞에서 억지로 존대를 자제하는 어법이라 할 수 있다. 이는 한국인들이 글로는 자신의 의사를 잘 표현하면서도 말로는 잘 못하는 또 하나의 이유가 되기도 한다.

2) 존대 의사의 표현〔敬語法〕

성조가 중국어의 주요 특성이라면 '경어법'이라 불리는 **존대법**은 한국어의 주된 특성이라 할 수 있다. 존대법은 때로 존비법, 높임법, 공손법, 겸양법, 완곡어법 등으로도 불린다. 용어가 이처럼 다양한 것은 존대법이 그만큼 복잡다단하고 또 발달되었음을 말해 주는 증거가 된다. 예로부터 중국에서는 한국을 가리켜 '동방예의지국(東方禮儀之國)'이라 했다. 예의범절이 일상생활에서는 물론이고 언어생활까지도 파급된 결과일 것이다.

앞서 한국어를 '상황 및 상대 중심의 언어'라 규정한 바 있다. 한국인의 이런 예절 의식이 상대와 상황을 중시하는 언어 현상에 그대로 반영되어 나타남은 지극히 당연하다. 물론 중국어에도 상대나 상황에 따라 존대하는 표현법이 있기는 하다. 그러나 그 다양성이나 엄격함에 있어서는 한국어와 비교도 되지 않는다. 대화 현장에서 청자(대상)에 대한 화자의 어투를 한국어에서는 5단계 혹은 7단계까지 나누고 있으나 중국어에서는 3단계 정도가 고작이다.

한국어에서는 공식석상은 말할 것도 없고 일상생활에서도 상대와의 친소나 나이, 직급 등의 차이를 민감하게 의식하고 대화 참여자들이 적합한 어투를 골라 표현하려 애쓴다. 하지만 중국어에서는 경어법 사용이 민감하지 않으며 따라서 경어법이 한국어처럼 보편적이지는 않다.

한국어에서는 존대의 의사를 표현함에 있어 어휘 요소만이 아니라 문법적 장치까지 마련되어 있다. 존대 의미의 부호 표식이 분명하게 되어 있는 반면, 중국어는 그렇지 못하다. 예를 들면, 중국어에서 "吃了嗎?"라고 하면 화자가 청자에게 어떤 어투로 말했는지 파악하기 어렵다. 하지만 한국어의 대역에서는 "진지 드셨습니까?, 식사하셨습니까?, 식사했어요?, 식사했니?, 밥 먹었니?"와 같이 화자의 어투를 확실하게 나타낸다.

존대어에서 '-께/께서'나 '-시-', '-ㅂ니다/ㅂ니까' 등의 조사나 어미의 사용은 필수 사항이라 할 수 있다. 하지만 중국어는 주로 어휘 요소에 의해 존대의 의미를 나타내고 있다. 그 대신 존대 의사를 나타내는 어소(語素)로 동일 계열의 존대 용어를 생성하는 것이 특이하다고 할 수 있다.

한국어는 물론 중국어에서도 한 문장의 문법 구조를 제대로 갖추어 말할수록, 또 격식을 갖출 때 쓰는 일부 단어들을 더 많이 사용할수록 존대하는 문장이 된다. 이와 반대로 일상 용어를 더 많이 쓸수록 낮추어 표현하는 뜻과 아울러 허물없이 대화하는 것이 된다. 이는 모두 한·중 양 언어의 공통점이라 할 수 있다.

3) 우회적 간접화법

대화(談話)란 마주보는 당사자가 서로 눈길을 맞추며 의견을 교환하는 소통 형식의 하나다. 상대방과의 대화에서 자신의 주장을 정면으로 내세우는 사회에서는 명실공히 1 대 1의 정상적인 대화가 성립될 수 있다. 그러나 한국 사회처럼 '나'보다는 '우리'를 앞세우고, 신분상의 등급이 문제시되는 풍토에서는 대화 형식의 변형이 불가피하게 된다. 그 결과 직접 맞서기를 피하는 일종의 **간접대화**와 같은 형식이 생겨나게 되었다.

옛날 남의 가정을 방문할 적이면 으레 대문 앞에서 "이리 오너라, 주인장 계시냐고 여쭈어라!"면서 큰 소리로 외치곤 했다. 이런 상황은 방문하는 집의 하인이 제3자로 개입해 있다는 가정 하에 이루어지는 대화법이다. 상대와의 말싸움에서도 이런 방식이 적용된다. 길거리에서 언쟁이 벌어졌을 때 "길을 막고 물어 봅시다, 누가 옳은가?"라면서 주변 사람들의 호응을 유도하려 한다. 싸움판에서 자신의 정당성을 제3자인 구경꾼들에게 호소·확인시키려는 대화법의 한 변형인 것이다.

간접대화의 특징은, 이처럼 상대를 돌려세우거나 제3자를 끌어들이면서 정작 자신은 숨어 버린다는 점이다. 이런 대화 형식에는 어느 누구의 잘잘못을 가릴 수도 없으며, 타협이란 형식도 이루어 낼 수가 없다. 그러다 보니 한국인의 대화법에서 **애매모호함**이라는 또 하나의 특성을 낳게 한다. 자신의 본 의도를 명확히 드러내기보다는 모호한 상태로 연막을 치는 방식이다. 이는 곧 자신의 입장이나 주장을 분명히 밝힘으로써 상대와의 관계가 불편해짐을 염려하는 일종의 '연막술(煙幕術)'이라고도 할 수 있다.

한국인들은 이처럼 직설법보다는 간접화법을 선호하는 경향이 있다. 상대에게 질문을 던지거나 무슨 일을 부탁할 때 주로 쓰이는 수법이다. 대개는 하고 싶은 부탁과는 상관없는 말부터 한참 늘어놓은 뒤 자리를 뜰 무렵에야 비로소 본론을 꺼내 놓는다. 먼저 용건부터 밝히는 서구인들의 대화 관습과는 사뭇 다른 것이다. 서구어가 논리적·객관적인 데 반해 한국어

화법은 우회적 · 주관적이라 규정하는 또 다른 이유이기도 하다.

4) 완곡어법(婉曲語法)의 여운

"고기는 씹어야 맛이고 말은 해야 맛"이라고 했다. 이 속언(俗言)처럼 세상살이에는 분명 할 말은 하고 살아야 한다. 더구나 오늘날과 같은 경쟁 사회에서는 무언(無言)의 언어만으로는 남들에게 뒤지기가 십상이다. 하지만 할 말은 하되 있는 그대로의 하고픈 말을 다 토해 낼 수만은 없다. 공동체 사회에서 이웃과의 화합(和合)도 고려해야 하기 때문이다.

그래서 어려운 사이에서나 점잖은 자리에서 "나는 싫습니다."라든가, "나는 그렇게 생각하지 않습니다." 또는 "그렇게 하는 것을 반대합니다."라는 말은 잘 하지 않는다. 이런 직설적인 반대나 거부 의사는 한국인에게는 금기(禁忌)에 가깝다고 할 수 있다. 상대를 부정하거나 좋지 않은 상황이라면 '나쁘다, 틀렸다'는 극한적인 표현도 가능하다면 피해야 한다. 되도록이면 속마음은 감추어 둔 채 애써 밝은 낯빛으로 대하고, 속내를 드러내기보다는 넌지시 우회하는 표현법(話法)을 사용하려고 한다. 이런 우회적이고 부드러운 말씨나 말투를 '완곡어법'이라 부르고자 한다.

한두 가지 실례를 들어 보기로 한다. 어떤 상황에서 '재미 좋다'는 말을 하지 않을 거라고 지레 짐작하면서도 "그래, 재미 좋은가?"라며 물어 주는 게 예의다. 속으로는 그와의 만남을 전혀 달가워하지 않으면서도 "그래, 참 반가워."라며 만면에 웃음을 짓는다. 불과 엊그제 만났던 사이인데도 "참 오래간만이야!"라며 반가운 낯빛을 띠며, 내심 다시는 만나지 않기를 바라면서도 "일간 다시 만나 한잔하세 그려."라는 재회 인사를 잊지 않는다.

대화 도중 상대방 의사에 반한 때라면 '…마는'이라는 말꼬리를 단다든

지, '글쎄요…….'라고 하는 편리한 '보류형 언사'로 상호 충돌을 피하려 한
다. 상대의 제의에 대한 부정이나 거절에는 "저도 그렇게 생각합니다마
는…….'이라든가, "그 말씀도 일리가 있습니다마는…….'이라는 전주곡
은 한국인의 화법에는 상식처럼 되어 있다.

평소 그리 달갑지 않던 상대가 어디론가 떠난다는 말을 들었을 때 한국인
은 통상 '**시원섭섭하다**'는 애매한 말을 남긴다. 시원섭섭함의 본뜻이 앞부분
의 '시원함'에 있는지, 뒷부분의 '섭섭함'에 있는지는 화자 본인만이 안다. 이
런 개념의 불투명성이 타인과의 관계에서 뒤탈을 없애는 방편이 될 수도 있
다. '시큼달콤' 혹은 '붉으락푸르락'이란 시늉말처럼, 그 본뜻은 앞뒤 어느 부
분에도 없을 수 있고, 양쪽 다 또는 그 이상의 의미까지 내포할 수도 있다.
한국 음식 중 비빔밥이 유명하게 된 연유를 알 만한 대목이다.

한 문장 안에서 주요 성분인 주어나 목적어가 빠져도 의미 전달에는 별
지장이 없는 것처럼 한국어의 '불투명성'은 이 같은 여건의 소산이다. 수량
표시에서 단수·복수가 뒤섞인 채로 쓰이고, 긍정과 부정이 혼용되는 서
술문도 모두 이런 의식의 반영이다.

그런가 하면 '나의 마누라(My wife)'가 '**우리 마누라**(Our wife, 우리들 공
동의 마누라?)'로 둔갑하기도 하고, "어디 갈래?"나 "어디 안 갈래?"라는 물
음이 둘 다 '가자'는 강한 권유가 된다. 뿐만 아니라 "웃긴다."와 "웃기지도
않는다."는 긍정 및 부정 표현이 웃기고 안 웃기고를 떠나 둘 다 그 사람의
태도가 마땅치 않다는 뜻이니, 참으로 웃기는 일이다.

한국어의 불투명성은 위급한 상황에서 외치는 "**사람 살려!**"라는 외마디
비명에서도 여실히 드러난다. 숨이 넘어가는 마지막 순간에서도 '나를 도
와 달라(Help me!)'면서 자신을 내세우는 서양인에 비해, 한국인들은 자기
는 없고 그저 죽어가는 사람만 있을 뿐이다. 곧 당신이 없으면 나는 영락

없이 죽은 목숨이라는, 이런 언어 형태를 두고 한국어는 주어가 없고 주체성이 없다는 핀잔을 듣기도 한다.

한국어 표현의 정확성·구체성의 결여는 숫자를 셀 때 더욱 분명히 드러난다. 한국인은 '하나, 둘, 셋, 넷, …'과 같은 구체적인 수보다는 '한두 개, 두서너 개, 너더댓 개, …' 식의 몇 개를 뭉뚱그린 부정수(不定數)로 나타내는 데 익숙해져 있다. 식사 중 옆 사람에게 밥을 덜어 줄 때도 '한 숟갈'만 준다고 해놓고 실제로는 한두 숟갈을 더 얹어 주게 된다. 이 때 추가되는 '한두 숟갈'이 소위 말하는 덤이요, 한국인 고유의 정(情)이라 할 수 있다. 어떤 이는 김소월 시 〈산유화〉에 나오는 '저만치'란 말을 한국인의 전통적 수치(數値)라고 하면서, 이것이 바로 한국인만의 인정치(人情値)라 말하기도 한다.

형식과 논리성을 추구하는 서구어의 관점으로는 한국어의 이 같은 불명확한 시제(時制)나 계수(係數) 표현은 수용되기 어려울 것이다. 그러나 상대와 상황(장면)이 중시되는 한국의 대화 현장에서는 오히려 정서적 분위기 조성에 적합할 수 있다. 아울러 문장 성분의 생략은 표현의 간결성과 더불어 대화에서 덤으로 여운을 남길 수도 있다. '여백(餘白)의 미'라고나 할까, 문어(文語)에서는 이를 '행간(行間)을 읽는다.'고 말한다. 또한 이를 두고 한국어는 '무언(無言)의 언어'라고도 하고, 좀 더 멋지게 '눈빛과 기침의 언어'라 미화시키기도 한다.

5) 한국인의 제3의 언어

앞서 말을 '음성언어'라 하고, 글을 '문자언어'라 했다. 인간의 언어에는 소리를 내어 말하거나 글을 써서 표시하는 방법만 있는 게 아니다. 말이나 글 이외에도 신체를 이용한 몸짓이나 얼굴 표정, 기침과 같은 또 다른 표현 수단이 있다. 이를 일컬어 '비언어적(非言語的)' 표현 수단이라 하고, 또는 '신체언어', '몸짓언어'라 칭하기도 한다. 인간이 사용하는 언어 중 음성언어를 제1의 언어, 문자언어를 제2의 언어라 한다면, 여기서 언급한 신체언어를 통칭하여 **제3의 언어**라 할 수 있다.

비언어적 표현 수단인 제3의 언어 속에 포함되는 항목은 언어적 표현 이상으로 무한하다. 그 중에서도 사람의 손짓, 발짓, 고갯짓과 같은 몸짓이 핵심이 된다. 또한 기침이나 재채기, 혀차기와 같은 생리적(生理的) 물리음(物理音)도 포함된다. 뿐만 아니라 얼굴 표정, 말소리의 음색, 개인적인 외양이나 소유물, 대화 중 쌍방 사이의 거리, 심지어는 말을 해야 할 계제에 침묵을 지키는 행위 등 이 모든 행위나 상황이 다 제3의 언어 범주에 포함된다.

비언어적 표현 방식도 본질상 언어적 표현 방식과 별반 다름이 없다. 그것을 즐겨 쓰는 사람들의 민족성이나 생활 습관을 비롯한 문화 전반이 그 바탕에 깔려 있다. 언어가 사회 현실을 반영하고 그 속에서 습득되는 사회적 기호인 것처럼 몸짓언어도 이와 다름이 없는 것이다. 이런 점에서 한국인들이 일상에서 습관적으로 행하는 비언어적 의사 표현, 특히 몸짓언어도 한국 언어문화의 한 부분이 될 것이다.

어떤 외국인은 "한국인은 기침으로 백 가지 말을 할 줄을 안다."고 했다. 한국 속담에는 "절간에 들어가도 눈치만 빠르면 새우젓도 얻어먹을 수 있다."고 했다. 지난날 봉건시대 대가족제도 하에서 가족들 간의 의사 교환은 말보다는 기침이나 표정 읽기 등의 눈치가 더 효과적일 수 있었다. 한국인들이 제3의 언어에 익숙해져 있는 현상도 역사적으로 오랜 농경문화의 소산이라 할 수 있다.

나라마다 민족마다 각기 의사 표시에서 보여 주는 몸짓이나 표정에도 나름의 특색이 있다. 다문화 사회를 살아가는 현대인들은 이런 습관적 언어 행동을 두루 알아 두는 것이 국제화시대에 보다 잘 적응하는 방편이다. 한국인의 언어 행동을 서양인의 그것과 비교하여 몇 가지 부분에서 그 차이점을 알아보기로 한다.

우선, 남과의 만남에서 교환되는 인사법에서부터 문화권에 따라 차이가 있다. 흔히 나누는 악수는 본래 서양인의 풍습이었다. 이웃과의 만남에서 서양인들은 먼저 손부터 맞잡는데, 한국인을 비롯한 동양인들은 허리를 굽혀 '절[拜]'로써 인사를 대신한다. 절을 할 때도 고개나 허리를 굽히는 각도나 태도에 따라 두 사람 간의 관계나 상대의 사회적 신분이 노출된다. 절하는 모습 하나만으로 쌍방의 위상이나 신분을 알 수 있을 만큼 한국인의 인사법은 섬세하기까지 하다. 그런데 최근에는 서양의 악수법과 한국의 절이 서로 혼합되어 허리를 굽히면서도 상대방의 손을 잡고 흔드는, 소위 복합식 인사법도 행해지게 되었다.

대화를 나눌 때 쌍방의 태도 역시 눈여겨보아야 한다. 서양 문화권에서는 대화 시 상대방의 눈을 똑바로 응시하는 태도가 정도로 되어 있다. 하지만 한국에서는 손아랫사람은 윗분에게 다소곳이 고개를 숙인 채 말하는 것이 예의에 맞는다. 만약 윗분의 눈을 뚫어지게 쳐다보거나 물음에 대해 즉각적으로 이의를 제기하면 당돌하고 예의 없다는 핀잔을 받기 십상이다.

대화 시 가장 많이 사용되는 손이나 손가락의 움직임도 언어 외적인 의사 표시이다. 한국인이 첫 번째 손가락인 엄지를 위로 세우는 행위는 '최고'를 뜻하거나 혹은 아버지나 사장, 우두머리를 가리킨다. 반대로 새끼손가락인 소지를 펴서 보이면 '꼴찌'가 아니면 애인이나 여자친구, 혹은 첩(妾)을 지칭하게 된다. 이는 한국인들이 수를 셀 때 손바닥을 활짝 편 상태에서 엄지, 검지, 중지, 약지, 소지의 순서로 접어 나가는 방법과 연관성이 있다. 말하자면 엄지가 가장 먼저 접히는 손가락이요, 소지(새끼)가 가장 작고 나중에 접히는 손가락이기 때문이다.

서양인들은 '베스트', 곧 최고임을 표시할 때 한국인이 엄지를 세우는 것과는 달리 인지를 뻗어 휘두른다. 이는 그들이 셈할 때의 습관이 주먹을 쥔 상태에서 검지, 중지, 약지, 소지의 순서로 펴 나가면서 마지막으로 엄지를 펴는 방법을 취하기 때문인 것으로 보인다. 손가락으로 동그라미를 만들어 보이는 경우도 그 상징하는 바가 서로 다르다. 한국인들은 대체로 '돈(財物)'을 상징할 때요, 서양인들은 '베리 굳', 즉 '아주 좋다'는 뜻을 나타낸다. 한국인에게 손가락 동그라미는 옛날 엽전(葉錢) 모양을 본뜬 데서 유래하고, 영어권 서양인들에게는 'OK(좋다)'의 'O' 자를 본뜬 것이라 한다.

멀리 떨어져 있는 사람에게 가거나 오라는 신호를 보낼 때 손짓의 형태도 서로 다르다. 한국인은 '이리 오라'는 표시로 팔을 든 상태에서 손목을 아래로 구부렸다 폈다 하는 동작을 취한다. 그러나 이런 행위는 서양인 사회에서는 정반대로 '잘 가라'는 신호가 되고 만다. 그들은 사람을 부를 때라면 팔을 앞으로 편 채 손바닥을 위로 향해 주먹을 쥔 상태에서 둘째 손가락(검지)만을 상대방 쪽으로 구부렸다 폈다를 반복한다. 그런데 이런 동작은 한국에서는 그 사람을 '개'로 여긴다는 뜻이 되어 상대의 인격을 무시하는 행위가 되고 만다. 어떻든 한국 사회에서는 아랫사람이 윗사람을 몸짓으로 부르는 행위 자체가 예의에 어긋나는 짓이다.

5. 방언(方言)에서의 특징

일정한 지역이나 사회 계층에서 사용하는 언어 체계를 '방언(方言,

Dialect)'이라 한다. 어느 시대, 어느 나라의 언어에서나 방언은 생성되기 마련이다. 언어는 사용하는 집단이 다르고 사용하는 지역이 다르면 어쩔 수 없이 크고 작은 분화(分化)를 일으킨다. 모든 방언은 하나의 개별 언어의 하위 형식에 속하며 독자적인 체계를 갖추게 된다.

언어와 방언을 구분하는 첫 번째 기준은 의사소통 능력이다. 서로 다른 지역의 말이라도 의사소통이 원만히 잘 이루어지면 하나의 언어에 속하는 방언으로 간주한다. 반면 그것이 잘 이루어지지 않으면 그 두 지역의 언어는 별개의 언어로 취급받게 된다.

의사소통력을 결정짓는 요소로는 음운·어휘·문법·의미 체계 등에 달려 있다. 한국어의 경우, 제주도 방언은 다른 지역어와는 다른 어휘가 많이 포함되어 있다. 그래서 제주도 이외의 지역에 사는 사람들은 이해하기 어려운 경우가 있다. 그러나 제주도 방언도 한국어의 음운·문법·의미 체계를 공유하고 있으므로 한국어의 방언에 포함시킨다.

그러나 이러한 의사소통력만으로 방언과 언어를 구분하기 어려운 경우도 있다. 중국어는 전체 방언을 7대 방언권으로 나누고 있으나 중국 내의 방언 사용자들은 지역이 달라지면 서로 의사소통이 불가능할 수도 있다. 예컨대, 베이징 사람은 관화(官話)방언(북경어)을 사용하고, 상하이 사람은 오(吳)방언을 사용하기 때문에 자신의 지역어만으로는 원활한 의사소통이 어렵게 된다. 그렇지만 각 지역어는 중국어라는 한 언어권에 포함시켜 방언으로 인정하고 있다. 이들은 모두 중국이라는 국가에 속하여 '한자'라는 공통의 문자를 사용하면서 북경어를 표준어로 삼고 있기 때문이다.

언어는 크고 작은 방언으로 구성되며, 한 언어를 구성하는 방언들은 서로 대등한 자격을 가진다. 한국어 혹은 조선어에서도 방언은 자연적으로 형성된 말이며, 표준어는 정책적 목적을 위해서 한국(韓國)에서는 주로 서울, 조선(朝鮮)에서는 주로 평양의 중류층 또는 교양 있는 계층의 말과 그 외의 다른 요소들을 합하여 만든 인위적이고 추상적인 말이다. 그러므로 어떤 지역방언도 어떤 사회방언도 표준어와 일치할 수 없을 것이다. 표준어는 비록 인위적으로 형성된 것이지만 전 국민의 의사소통을 위해서 사용되는 그 자체로 독립된 체계를 가지고 있다.

한 언어 안에서의 언어 분화(言語分化)는 반드시 지역 차에 의해서만 생겨나지 않는다. 한 지역 안에서도 성별(性別) 관계, 연령 관계, 직업 관계 등의 여러 가지 이유로도 사용하는 말이 달라질 수가 있다. 따라서 방언은 크게 **지역방언**(地域方言, Regional dialect)과 **사회방언**(社會方言, Social dialect)으로 분류한다. 일반적으로 종래 방언으로 불리던 지역의 다름에 의해서 생긴 방언이 '지역방언'이요, 지역 이외의 사회적 요인, 앞서 말한 사회 계층이나 종교, 종족 등의 요인으로 생겨난 방언을 '사회방언'이라 한다. 이를테면 제주도 방언 · 평안도 방언 같은 것이 지역방언이요, 궁중어(宮中語) · 상인어(商人語) · 채삼어(採蔘語) · 여성어 · 아동어 · 의사나 법조인 등의 전문어(專門語) 등은 사회방언으로서의 이름들이다.

한국어(조선어)의 지역방언은 아래와 같이 크게 6개로 나뉘는데, 이를 행정 명칭 대신 괄호 속과 같이 방위 명칭으로도 불린다.

① 경상도 방언(영남방언(嶺南方言), 동남방언(東南方言))
② 전라도 방언(호남방언(湖南方言), 서남방언(西南方言))
③ 함경도 방언(관북방언(關北方言), 동북방언(東北方言))
④ 평안도 방언(관서방언(關西方言), 서북방언(西北方言))
⑤ 경기도 방언(중부방언(中部方言))
⑥ 제주도 방언(濟州道方言)

현재 한국어는 수도가 있는 '서울말(경기도 방언, 중부방언, 수도권 방언)'을 표준말로 삼고 있다. 지역방언 중 가장 특징적인 방언은 서울에서 가장 멀리 떨어진 제주도(濟州道) 방언이다. 제주도는 섬이라는 특성으로 원시 상태의 한국어를 보존하고 있다는 평가를 받는다. 아울러 경상도 방언은 아직도 성조(聲調)의 일부를 유지하고 있다는 점에서 주목 대상이 되고 있다.

한국은 국토가 작은 만큼 방언의 차이도 그리 심하지 않다. 이에 비하면 동일한 자국어를 쓰면서도 방언 차이가 워낙 커서 전혀 의사소통이 되지 않는 중국과는 사정이 전혀 다르다. 외국인과의 접촉에서 상대가 언제나 그 나라의 표준어만을 쓴다고는 기대하기 어렵다. 때로 심한 방언 구사로 인하여 의사소통에 지장을 받을 경우도 상정해야 한다. 중국인이 한국인을 만났을 때도 예외는 아니다.

방언과 관련하여 한국어(조선어)의 경우, 한국과 조선의 언어 차이에 대해서 언급하지 않을 수 없다. 얼마 전에 직접 경험한 일이다. 중국의 모 대학 한국어학과(조선어학과) 학생들이 언어 연수를 다녀왔는데, 그 중 일부는 한국을 택하고 일부는 조선을 택하게 되었다. 불과 1년 남짓한 연수 기간이었지만 귀국한 이들의 한국어(조선어) 구사력은 확연한 차이를 보였다. 같은 학과 학생이면서도 한국어를 구사하는 이들과 조선어를 구사하는 이들 사이에는 무언가 이질감 같은 것을 느낄 수 있었다.

한반도(조선반도)는 한국과 조선으로 갈린 지 반세기 이상의 세월이 흘렀다. 사상과 체계가 전혀 다른 세계에서 반세기라는 시일이 경과하다 보니 자연 언어 현상도 달라질 수밖에 없었다. 분단 이전의 조선의 언어는 한국과는 단지 평안도와 함경도 방언이라는 지역방언 차이만 존재했었다. 그러나 분단 반세기는 '**평양말**'과 '서울말'이라는 표준어의 기준 말고도 이데올로기와 체제, 국가의 언어정책 등의 차이가 덧붙여지게 되었다.

3장
중국어와 중국문화

언어행위와 문화

　문화란 넓은 의미에서 가치, 믿음, 태도, 지식, 실행 등 내적으로 정합적이고 응집력이 강한 체계이다. 개개의 인간은 이를 통하여 외부 세계와의 관계를 맺게 된다. 이들 관념·가치와 실행은 그 자신은 물론 이웃 및 자연과의 관계 하에서 자신의 언어행위가 어떤 목적을 갖는가를 명시해 준다. 이로써 질서 있는 우주 및 그 안에서의 인간의 위치에 대한 관념을 산출하게 되는 것이다.

　커뮤니케이션의 세계에서는 단지 어느 한 개인이나 집단만을 대상으로 하는 게 아니라 상대방이 속해 있는 문화와도 직접 관계한다는 사실을 염두에 두어야 한다. 전달되는 언어 정보에는 순수한 의미의 정보 이외에도 해당 집단의 고유한 관념과 태도, 가치 판단에 대한 표준 요소로서의 문화적 성분이 내포되어 있기 때문이다.

　문화적 기대치들은 의사소통 능력의 일부분에 속한다. 따라서 같은 문화를 지닌 집단은 말을 하거나 해석하는 데 있어서도 동일한 규칙에 따라 행동하게 된다. 반면, 서로 다른 문화를 가진 집단은 상호 문화적 의사 소통을 하기에 상대방의 표현을 표면적으로만 이해할 수 있고, 때로 숨겨진 메시지를 잘못 해석할 수도 있다. 이는 그들 사이에서 인지적 화맥(話脈)

이 서로 다름을 미처 파악하지 못한 탓이다.

그리고 긍정적이거나 부정적인 판단은 종종 화자(話者)의 실제적인 발화 의도에 기초한 것이 아니라 언어에 표현된 문화적·개인적 의미에 대한 청자(聽者)의 문화적 잣대에 의해 판단된 것이다. 청자는 종종 화자가 한 말에 자기 자신이 그렇게 표현하였을 경우에 가지게 되는 동기나 의도를 부여하게 된다. 이 문제에 대해서 미국의 언어학자 R. Lado는 다음과 같이 지적한다.

사람들은 외국 문화와 접촉할 때 해당 민족의 문화 시스템을 외국 문화에로 옮기게 된다. …텍스트의 해석과 산출에 있어서도 모두 해당 민족의 모델을 적용하게 된다.

대부분의 문화적·언어적 전제들이 무의식적인 것들이기 때문에 청자는 화자가 한 말을 주관적으로 해석하려 든다. 예컨대, 부모가 열 살 먹은 아들에게 "孩子, 去買一瓶啤酒來(애야, 가서 맥주 한 병 사오너라.)"라고 했다고 하자. 이런 심부름에 대해 한국에서는 부당한 처사라고 비난할지 모른다. 왜냐하면 한국에서는 미성년자에게 술을 판매하는 행위가 법적으로 금지되어 있기 때문이다. 하지만 이런 심부름 정도는 중국에서 아무런 문제도 되지 않는다. 향후 중국의 법이 어떻게 바뀔지는 모르겠으나 적어도 현재까지는 합법적이고 보편적인 일로 인정되고 있다. 이런 심부름이 자녀들의 사회생활 교육에 도움이 되고, 나아가 부모에게 효도하는 마음을 심어 준다고 믿는 것이다.

이처럼 동일한 언어행위에 대한 이해와 해석에 차이가 나는 것은 그들이 가진 나름의 문화적 잣대가 다르기 때문이다. 이런 의미에서 중국 전통문화의 특수성을 찾아 이를 분석하여 이질성을 알아보고자 한다. 여기서 찾아낸 이질성이 중국어의 언어행위에 어떤 영향을 미쳤는가를 점검해 보는 것도 의의가 있기 때문이다.

중국문화의 특성

　중국문화를 한마디로 규정한다면 '**다원적**(多元的) **문화**'라 할 수 있다. 주지하는 대로 중국은 한족(漢族)을 중심으로 여러 다민족·다문화가 결합된 세계 최대의 국가이다. 중국은 예로부터 농경을 주업으로 삼던 정착민 문화를 중심으로 소수민족의 고유문화와 일부 이주민에 의한 유목문화가 결합하였다. 이 밖에도 인도나 중동 등지에서 유입된 불교나 이슬람문화, 거기에 부분적인 유럽문화의 유입에 이르기까지 잡다한 다문화 요소들이 융합되어 하나의 거대한 중화문화권을 형성하게 된 것이다.

　그런 의미에서 중국 대륙은 인종·문화에 있어 하나의 거대한 용광로라 할 만하다. 이런 현상은 중국문화의 강한 친화력 내지는 흡인력이라는 특성 때문이기도 하다. 중국문화는 중국 대륙 내부는 물론 외부에서 유입되는 갖가지 요소를 수용하여 서로 공존하거나 한데 융합하여 특유의 전통문화를 형성하게 된 것이다.

　중국의 이 같은 다양한 요소의 포용은 독특한 언어·문자로부터 풍부한 문화재와 각종 전적(典籍), 과학 기술에 의한 각종 발명품과 공예품을 문화유산으로 남기게 되었다. 뿐만 아니라 다채로운 예술 활동과 문학작품들, 인류의 정신적 유산이랄 수 있는 철학·종교, 그리고 무엇보다 깊이 있는 도덕·윤리 등 수준 높은 정신문화의 토대 위에 오늘날의 중국문화의 틀을 형성하게 된 것이다.

중국문화도 여느 다른 문화와 마찬가지로 동적인 개념으로서의 지역 특성·민족 특성을 지니고 있다. 뿐만 아니라 시대적 특성도 아울러 지닌다. 그러면서 중국의 전통문화가 중국문화의 주체를 이룬다는 사실이 무엇보다 중요하다. 중국의 전통문화는 중화민족(中華民族)과 중국문화의 기원과 더불어 그 발전의 역사를 기록하였다. 뿐만 아니라 대대손손 이어 온 가치관념·행위 규범·풍속 습관 등도 함께 새기게 되어 이런 기록들은 현 중국인들의 행동 방식과 사유 방식에도 크게 영향을 미치고 있다.

오늘날까지 면면히 이어져 오는 중국문화 전통의 본질은 과연 무엇일까? 문화적 전통에 입각해 볼 때 중국문화의 기저(基底)에는 대체로 다음과 같은 특징이 있다고 생각한다.

1. 인도(人道)를 중시하는 사상문화

중국인은 천도(天道)보다는 인도(人道)를 더 중요시하는 사상문화의 소유자들이다. 서양의 천(天)과 인(人) ― 영혼과 육신을 이분하는 사상 이념과는 달리 중국의 사상 전통은 '천인합일(天人合一)', '천인조화(天人調和)'를 강조한다. 그래서 근본적으로 신(神)보다 인간을 중요시하는 경향을 보이게 된다. 서양의 천(天)이 절대시되어 세상 만물을 지배하는 '하느님'으로까지 승화된 관념들은 중국에서는 거의 찾아볼 수가 없다.

이런 이유가 중국에서 신에 대한 관념이 명확하지 못하고 종교 사상이 상대적으로 결핍된 주된 원인이 된다. 중국의 사상 전통에 입각하여 보면 유교

사상이 단연 중국문화의 주류를 이룬다. 지금까지 유가(儒家)에서 말해 온, '세속(世俗)으로 돌아오기'와 함께 '인륜(人倫)의 중시', 곧 현세에서 공훈을 세우고 업적을 쌓는 것이 강조될 뿐이다. 그렇다고 신을 부정하는 건 아니니, 다만 신을 경원시(敬遠視)할 뿐으로 그렇게 절대시하지는 않았다.

이처럼 천도보다 인도를 중히 여기는 전통은 긍정적 · 적극적인 면도 있지만 반면 중국문화 및 중국 사회에 소극적인 영향을 끼쳐온 것도 사실이다. 이를테면 인간 대 인간의 관계가 사회적 역할에서 지나치게 중시된 나머지 도처에 인간관계의 망(網)이 형성된 점이다. 또한 무슨 일이든 성급하게 처리하는 조급증을 금기시하게 되었다. 그 결과로 중국인은 '慢慢地(천천히)'라는 놀림을 받게 되는 빌미를 제공하기도 했다. 현재 중국 대륙에서 공적인 대인 커뮤니케이션이나 사교 면에서 외부인들의 주목을 받는 것도 이러한 문화적 풍토와 무관하지는 않다고 본다.

2. 예치(禮治)를 중시하는 정치문화

중국 정치문화의 특징은 법치(法治)보다는 예치(禮治)를 더 중시한다는 점이다. 이와 관련하여 많은 학자들은 중국문화의 특성을 '윤리형(倫理形) 문화'에서 찾기도 한다. '동방예의지국'이라는 한국과 마찬가지로, 중국도 예로부터 '예의지국'이란 칭송을 받아 왔다. "예(禮)로 천하를 다스리고 예로써 나라를 안정시키는 것"이 유가(儒家)의 오랜 통치 철학이자 사회를 안정시키는 이상적인 방법이라고 믿었다. 유가의 입장에서 보면 세상 이치는 예가 주축이 되어야 한다고 굳게 믿었던 것이다.

예(禮)라는 덕목에 대한 중국인의 관념은 각별하다. 도덕과 인의(仁義)

도 예가 아니면 이루어지지 않고, 2세 국민을 가르치는 훈육도 두말할 나위가 없다. 오염된 풍속을 바로잡는 데도, 잘못된 일을 소송하고 심판하는 데도 예가 없으면 성립되지 않는다는 것이다. 군신(君臣), 상하(上下), 부자(父子), 형제(兄弟) 사이도 예가 아니면 질서가 서지 않는다. 그래서 예는 바른 정치의 시발점이자 사회 질서를 지탱하는 기반이며, 사회 미풍양속의 중심점이 된다고 믿는 것이다.

예는 반드시 덕(德)과 이웃한다. 예는 덕과 상호 분리될 수 없는 덕목이라 믿는 것이다. 예는 인간의 외적인 면을 규정한다면 덕은 내적인 면을 규정한다. 따라서 예와 덕, 양자가 혼연일체를 이룰 때만이 가장 이상적인 세상을 이루어 낼 수 있다. 그런 연유로 덕치주의(德治主義)란, 결과적으로 예를 기반으로 한 덕으로써 세상을 통치하는 것이 된다. 유가에서 말하는 도덕의 힘은 결과적으로 정치 이념 중에서 시종 법률보다 더 소중하고 효과적인 덕목이라고 간주하는 것이다. 공자(孔子)의 말씀에서 이 점은 더욱 분명해진다.

법과 제도로 백성을 다스리고 형벌로써 질서를 유지시키면 백성들은 법망을 빠져나가되 형벌을 피함을 수치로 여기지 아니한다. 덕으로써 이끌고 예로써 질서를 바로잡으면 백성들은 부정(不正)을 수치로 알고 착하게 변화된다.

이 말씀은 곧 통치자가 법률이 아닌 윤리적 신조와 예의적 규범으로 나라를 다스릴 것을 강조한 말이다. 한 개인을 두고 말할 때도 먼저 고려되어야 할 사항은 나라의 법률이 아니라 복잡다단한 인간관계 속에서 오로지 각자에게 부여된 윤리 의무이다. 이른바 신하는 임금에게 충성하고, 아들은 아버지에게 효도하고, 아내는 남편에게 순종해야만 종법사회의 화합을 이룰 수 있다고 말한다. 중국문화에 대한 헤겔(Hegel)의 다음과 같은 언급이 바로 이런 점을 지적한 것이다.

중국은 순전히 이러한 도덕적인 결합 위에 세워진 것이며, 국가의 특성은 바로 객관적인 가정의 효도이다.

예치주의(禮治主義)나 덕치주의(德治主義)는 결과적으로 '인치(人治)'라 할 수 있으니, 인치가 바로 법치(法治)를 대신하는 것이다. 중국 역사상 법치를 주장하는 법가(法家)도 존재하였지만 시종 주류는 되지 못할 정도로 영향력이 그리 큰 것은 아니었다.

예로써 천하를 다스려야 한다는, 유가의 도덕과 인륜에 관한 주장은 중국인의 **중용지도**(中庸之道)와 **귀화상중**(貴和尙中)의 민족 심리와도 상통한다. 나아가 '하나의 큰 통일'이라는 정치적 수요와도 맞물릴 뿐 아니라 종법사회의 윤리적 감정에도 영합하여 중국 정치의 전통이 되었다. 이런 경향은 중국 전통문화의 독특한 특성으로 굳어지게 된 것이다.

3. 집단을 중시하는 윤리문화

중국의 전통 윤리는 가족과 집단을 중시하되 개인과 개체는 경시하는 경향이 지배적이다. 이는 개인 및 개성을 중심으로 개인의 발전과 자율성을 강조하는 서양의 문화 전통과는 대조되는 것이다. 중국사회는 **종법 관념** 하에 개인은 집단이 조직의 테두리 안에서만 존재한다고 인식한다. 신료(臣僚)와 백성은 황제에 대해서 절대적으로 복종해야 하고, 자녀들은 부모에게 순종해야 하며, 아내는 남편을 존경하고 따라야 한다는 식으로 사회 모든 계층은 상하 종속 관계로 이루어져 있다는 것이다.

예로부터 중국사회는 인(仁), 의(義), 예(禮), 지(智), 신(信)이라는 다섯 가지 덕목을 신봉해 왔다. 이들 덕목을 잘 지키고 가르쳐야만 집단적 화합, 곧 '사해일가(四海一家)'라는, 유가에서 말하는 이상적인 사회를 이룰 수 있다고 믿는다. 개인적 권리나 의지와는 무관하게 '집단의식'과 '안정된 상태'가 지속적으로 강조되어 온 것이다.

보통의 중국인들은 타인과의 대화에서 사적인 비밀까지도 거리낌 없이 털어놓는다. 자신의 신상에 관한 세부적인 사항, 이를테면 상대의 나이나 출생의 비밀, 고정적인 수입, 또는 결혼 여부 따위를 쉽게 질문할 뿐 아니라 자신의 그것도 스스럼없이 털어놓는다. 이러한 윤리 관습이나 도덕 표준의 형성은 중국의 오랜 농경문화가 끼친 영향과 무관하지 않아 보인다.

유목사회와 농경사회는 특성상의 차이가 있다. 상대적으로 변화가 적은 농경사회는 보다 안정적인 공동체 생활에서 스스럼없이 상호 교류를 지속한다. 상호 도움을 주고받을 기회가 많으므로 혈연으로 맺어지는 가족 구조나 이웃 사람들의 힘을 필요로 하는 집단을 구성하게 된다. 이런 조직이나 가족에 있어서 무엇보다 집단의식이 필요했을 터이므로 자연히 개인이나 개인적인 문제에는 별로 관심을 보이지 못했을 것이다.

이런 집단의식 하에서 사회 구성원들은 보다 강한 응집력과 구심력을 발휘하게 된다. 넓게는 국가, 민족으로부터 좁게는 씨족이나 가족 단위에 이르기까지 비교적 쉽사리 **운명 공동체**를 형성하게 된 것이다. 공동 운명체의 집단생활 속에서 비교적 높은 도덕 수준과 함께 이웃 간의 서로 인정도 나누게 된다. 이런 집단 화합의 윤리에 대한 추구는 긍정적인 면도 많은 반면 부정적인 면도 낳을 수밖에 없었다.

각 집단 간의 동질성을 강조하다 보면 자연 개인적이고 개성적인 면에 소홀해질 수밖에 없다. 공자가 말한, "예가 아니면 보지 말고, 예가 아니면 듣지 말고, 예가 아니면 말하지 말고, 예가 아니면 움직이지 말라."는 식으로만 살아간다면 어떻게 되겠는가? 결과적으로 개인과 개성의 발전을 저해하게 되고, 개인의 창조력은 구속받게 마련이다. 이런 개인들이 모인 사회는 당연히 생기와 활력을 잃게 되어 사회의 정상적인 발전에 걸림돌이 될 수도 있다. 전목(錢穆)은 이런 유교문화의 단점에 대해서 다음과 같이 지적한다.

그들은 현실 정치를 너무 중시하는데, 이렇게 되면 사회의 상위층에 편향하기 쉽고 하위층에 대해서는 소홀하게 되며, 큰 집단은 중시하고 작은 개체의 자유에 대해서는 경시하게 된다.

현재 중국 정부의 개혁·개방과 시장경제의 도입은 이러한 전통문화의 결점을 극복해 나가려는 하나의 해결책으로 볼 수 있다.

4. 직관적 사유를 중시하는 인지(認知)문화

중국인은 이성적 사유(思惟)보다 직관적 사유에 더 집착하는 인지(認知)문화의 소유자들이다. 고대 중국인들의 인지 방식은 다원적이어서 여러 방향으로 발전하는 경향이 있었다. 또한 직관적인 변증(辨證) 사유는 물론 이성적인 논리 사유도 아울러 겸비하였다. 하지만 양한(兩漢) 시대로부터 유교·도교·불교사상이 서로 융합되면서 중국문화에 영향을 끼치게 되었다. 유가(儒家), 도가(道家), 불가(佛家)에서의 사상 체계는 한결같이 우주 본체의 인식에 있어서 언어와 개념, 논리적 추리의 인지 방법에 의거하는 것이 아니라 직관적인 사유에 의거한다고 할 수 있다.

평소 중국인들이 즐겨 말하는, "只可意會, 不可言傳(마음으로만 깨달을 수 있고 말로는 전할 수 없다.)"는 바로 여기에 그 뿌리를 둔다. 하여 중국문화는 직관적인 사유를 중히 여기고 논리적인 사유를 소홀히 하는 경향이 있다고 할 수 있다. 일반적으로 엄격한 추리 형식과 추상적인 이론 탐구가 부족하고 모호하고 어렴풋한 종합적 직관 사유에 의해 파악하는 것을 즐기는 편이다. 전목(錢穆)의 다음과 같은 주장에 귀를 기울여 보자.

동양인은 안을 들여다보기를 즐기고 서양인은 바깥세상 보기를 즐긴다. …때문에 추상적이고 논리에 편향된 사상이나 이론은 중국에서는 크게 발전되지 못했다. 중국인은 생생하고도 직접적인 경험 속에서 깨닫는다.

중국문화는 위에서 언급한 특성 이외에도 독창성과 겸용성이 겸비되고, 유구성과 응집성이 병존하며, 통일성과 다양성이 병존하는 등 여러 다양한 특성을 보인다. 이는 곧 서로 다른 측면에서 서로 다르게 귀납될 수 있는 것이다. 그 중에도 『东西文明之根本異点』에서 李大钊는 중국문화와 서양 문화의 차이점을 다음과 같이 분석하고 있다.

동서문화의 근본적인 차이점은, 동양 문화는 정(靜)이 주된 것임에 반해 서양 문화는 동(動)이 주된 개념이다. …하나는 자연적인 것임에 반해 다른 하나는 인위적인 것이다. …하나는 소극적이요 하나는 적극적이다. …하나는 직관적이요 하나는 이성적이다. …하나는 예술적이요 하나는 과학적인 것이다 …….

이러한 관점은 5·4 시기의 전통적인 것에 대한 비판으로, 소위 말하는 '서양 따라 배우기' 운동의 수요이다. 그의 주장은 중국문화의 소극적인 면에 편향되어 있기는 하지만 핵심적인 특성을 제대로 제시했다고 할 수 있다.

5. 도덕형 문화라기보다 윤리형 문화

일종의 양면성이라고 할까, 중국문화의 특성은 보는 이의 관점에 따라 상반되는 두 견해가 나올 수 있다. 하지만 그 근본적인 특성을 윤리형 문화로 보아야 한다. 이는 윤리형을 기반으로 중국문화에서 드러나는 여러 현상들과 중국인의 가치관, 기본 품격 등을 비교적 설득력 있게 해석할 수 있기 때문이다.

한국도 유교문화의 영향으로 윤리형 문화가 대세이겠으나 중국과는 어느 정도 차이를 보인다. 혹자에 따라서는 중국의 유교문화가 한국의 경제 발전에 기여한 바가 있다고 말한다. 하지만 한국의 유교문화는 중국의 그것을 그대로 수용한 것이 아니라 한국적 바탕 위에서 나름의 발전과 변형을 거쳤다고 생각한다.

중국의 전통 유학은 효(孝)를 근본으로 하는데, 여기서 '충(忠)'은 바로 그 '효'에서 파생된 부가적 덕목이라 할 수 있다. 가족제도가 중국의 전통적 사회제도였기에 이러한 가치 체계는 중국 사회의 '친족 협력 시스템'과 맞물려 돌아간다. 반면, 한국의 유학은 '충(忠)'을 핵심으로 하지만 이런 가치 체계는 한국 사회의 '비친족 협력 시스템'의 형성을 가져온 것으로 보인다.

한국 사회는 예전부터 가족을 초월한 '집단'이 형성되어 왔으며, 그 집단의 중요성은 가족과 동등하거나 가족 관계의 그것을 초월할 정도였다. 일례로 기업의 경우를 보더라도 한국에서는 유교사상과 자본주의 경영 관리가 결합되어 새로운 기업 경영 체제를 형성하고 있다. 기업 내에서의 '종신 고용제'나 '연공 서열제' 같은 제도가 그런 예이다. 말하자면 기업이란 집단주의를 배경으로 이익과 운명의 공동체라는 기본 모델을 형성해 놓은 것이다.

집단의 구성원이 자신의 미래와 운명을 기업이나 회사의 그것과 연계시킨 것이다. 말하자면 기업이나 회사의 영예와 이익 창출을 위해 최선을 다할 것을 요구한다. 한편 집단은 그 구성원들에게 귀속감과 안전감을 주기 위해 부단히 노력한다. 이는 중국 유교의 '친족 협력형'의 가족주의 윤리가 '비친족 협력형'의 집단주의 윤리로 발전하여 시장경제의 이익 원칙과 결합함으로써 한국식 기업윤리 문화를 형성하게 된 것이다.

여기서 주목할 점은 중국의 가족주의 윤리에서는 개인 이익을 희생하고 집단 이익을 수호할 것을 요구한다. 그래서 '의(義)'와 '이(利)'에 있어서 최종적으로 '의'에 귀결하게 된다. 반면 한국의 집단주의 윤리는 집단 이익이 창출되는 전제 하에서 개인 이익도 함께 창출되는 데 초점을 맞춘다. 그래서 '의(義)'와 '이(利)'에 있어서 최종적으로 '이'에 귀결된다. 시장경제 원리 하의 근본적인 바탕은 바로 사람들의 이기심이며, 이러한 이기심이 시장경제 발전의 원동력이 되는 셈이다.

한국의 이 같은 '운명 공동체'라는 사회 환경에서의 이기심은 개인적인 것이 아니라 집단의 것이며, 집단의 이익 창출은 국가의 발전 및 고속 성장에 탄탄한 디딤돌이 되고 있다. 하여 한국의 경제 발전에 긍정적인 영향을 끼쳐 온 유교 윤리는 시장경제의 원칙, 서양의 자본주의 경영 이념과

유기적으로 결합된다. 그래서 소위 말하는 '현대적 유교 윤리'라 할 수 있다. 이는 중국의 전통문화에서 말하는 유교 윤리와는 어느 정도 거리가 있다고 할 수 있다.

한국인이 보는 중국

1. 가깝고도 가까운 나라

한국의 입장에서 일본을 평할 때 보통은 '가깝고도 먼 나라'라고 말한다. 지리적으로 가깝지만 지난날 침략의 역사로 인해 심정적으로는 멀다는 의미다. 이런 관점에서 중국에 대해서는 어떻게 말할 수 있을까? 심정적으로는 어떤지 모르겠다. 하지만 지리적으로는 국경을 맞대고 있으니 그야말로 '가깝고도 가까운 나라'일 것이다. 한반도(조선반도) 북부와 육로로 연결되어 영토를 맞대고 있는 중국은 역사적으로 한국에 있어서 과연 무엇인가를 생각해 본다.

두말할 나위 없이 중국은 지난 세월 한국인의 조상이 접했던 유일한 선진 문명 대국이었다. 그래서 조공(朝貢)까지 바치며 섬기기를 다했던 상전(上典) 나라임엔 틀림이 없다. 뿐인가, 유교·불교와 같은 사상·종교에서 한자·한문을 비롯한 대륙의 선진문화를 제공해 준 은혜의 나라이기도 하다. 지금은 비록 체제는 달리하고 있지만, 어떻든 지구촌 최대·최강의 국가로 부상하고 있는 초강대국이 바로 한국과 이마를 맞대고 있는 중국이다.

역사적으로 볼 때, 한반도(조선반도)에서의 한국전쟁과 관련하여 중국·중국인에 대한 한국인의 인식이 악화된 적이 있었다. 개혁·개방 이후에도 환경문제, 삼농(三農)문제, 에너지 문제 등으로 인해 일부 한국인들이 중국을 부정적인 시각으로 바라보고 있음도 또한 부인할 수 없다. 과거의 중국이 그랬다면 현재 내지는 미래의 중국은 어떠할까를 점쳐 보기로 한다.

오늘의 중국인들이 살아가는 모습을 보면서 한국과 상호 대조되는 시각에서 이런저런 생각을 해 볼 수 있다. 어떤 이는 중국은 인접한 한국이나 일본에 비해 시대적·국제적 감각이 뒤처진다고 비판하기도 한다. 체제상의 특성이라고 하는 이도 있겠지만, 그보다는 외부 세계로의 개방이 늦은 탓으로 세련미가 부족할 수 있겠다는 생각도 할 수 있다.

그런가 하면 세련미를 말하기 전에 얼마 전까지만 해도 중국을 잠자는 사자에 비유했던 사실을 상기해 볼 수 있다. 그런데 이 비유는 이제 전설이 되고 말았다. 현실적으로 사자는 이제 잠에서 깨어나 힘차게 내달리고 있으며, 달리는 데 필요한 저력도 무한대로 보인다. 이대로라면 이런 숨가쁜 질주가 언제, 어디까지 이어질지 그 누구도 예측하지 못할 정도이다.

중국과 한국의 관계에서 보면 얼마 전까지 정치적으로는 '우호선린 관계'였으나 지금은 '전략적 동반자 관계'로 격상되어 있다. 앞서 중국은 "가깝고도 가까운 나라"라고 했다. 그런데 심정적으로도 가까운 나라가 되기 위해서는 시간이 좀 더 필요할 것 같다. 국가의 크기나 국력에 상관없이 양국 공히 앞으로의 우호·친선을 더욱 깊이 새겨야만 한다. 진정으로 상대를 인정해 주고 존중해 주는 데서 참다운 우호선린이 가능하기 때문이다.

최근 중국을 보다 가까이서 대하면서 중국이 가진 내면의 얼굴을 살짝 엿보게 되었다. 여기서 말하는 내면의 모습이란 중국과 중국인·중국문화에 내재해 있는 양면성이다. 곧 아래 열거될 과시형 속의 실속형, 자주성 속의 배타성, 다양성 속의 계층성 따위의 여러 속성을 일컫는다. 중국·중국인·중국문화에 대한 내면의 세계를 살피는 일이 미래의 보다 친밀한 한·중 관계를 위해서도 의미 있는 일이 될 것이다.

2. 외양과 몸놀림

중국의 전통연극 '경극(京劇)'처럼 중국다운 무대예술은 없을 듯하다. 경극을 볼 적마다 느끼는 일이다. 우선 등장인물의 과도한 분장(扮裝)이나 소품, 그들이 내지르는 날카로운 가성(假聲) 따위에 아연 놀라게 된다. 무대의상은 그야말로 눈부시도록 화려하다. 때로는 거추장스럽게 느껴지기도 하지만, 그 의상 속에서 움직이는 신체의 몸놀림만은 무척 민첩하다.

한족(漢族)의 몸놀림은 언뜻 보기에도 민첩하고 유연하다. 보통 한족의 체형은 배불뚝이 뚱보를 대세로 알고 있는 건 한국인의 선입견이다. 젊은이를 중심으로 대다수 중국인들은 소림사 무인의 후예답게 무예(武藝)나 잡기(雜技)에 능해 보인다. 이른 아침, 인근 공원에서 체조를 즐기는 주민들의 진지한 자세를 보고 있노라면 전 국민이 프로 무예인이 아닌가 하는 착각에 빠질 정도다. 기공(氣功)이나 각종 곡예에서 펼쳐 보이는 그들의 몸놀림이나 균형 감각은 마치 '고양이'를 연상케 한다. 고양이는 평소 움직임이 느려 게으른 듯 보인다. 그러나 일단 유사시에는 놀랍도록 날렵한 몸동작을 펼쳐 보인다.

경극의 무대의상이나 분장과는 달리 평상시 중국인들은 외모나 외양에는 별로 신경을 쓰지 않는다. 대다수 중국인들은 제대로 가꾸지 않은 외모에 허름한 일상복 차림으로 느릿느릿 거리를 활보한다. 일부 지역에서는 무더울 때 윗옷을 벗어 버리는 데에도 아무 거리낌이 없다. 아침에 만나는 사람의 얼굴은 면도는커녕 세수조차 하지 않은 듯하다. 그리고 잠자리에서 금방 일어난 듯한 머리칼 등을 유심히 살펴보노라면 한국인과는 확연히 거리감이 있어 보인다.

실제로 중국 여성들은 한국 여성이 예쁘게 보이는 것은 화장술이나 성형수술 덕이라고 한다. 여성이 예쁘고 깔끔하게 보이는 것은 그만큼 다듬고 가꾼 결과이다. 그래서 이처럼 꾸미지 않는 모습이 어쩌면 '진화' 이전의 동양인의 본모습이 아닐까 하는 상상을 해 본다. 특히 중국인의 머리칼을 비롯하여 눈가 · 치아 · 입가 등이 그러한데, 여타의 동양인에서 보듯 깔끔함이나 세련된 모습과는 거리가 있어 보인다.

지금은 그렇지도 않지만, 날쌘 몸놀림에 비해 중국인의 평상시 행동은 굼뜨다. 기(氣)를 모으고 기교를 부릴 때의 민첩함에 비하면 느긋하기 이를 데 없는 동작이다. 나태함으로 보일 정도의 느린 몸놀림은 전형적인 대국적 성향인지도 모르겠다. '빨리빨리'가 몸에 배인 한국인의 시각으로는 중국인들의 이런 '만만디'는 때로 답답하게 느껴진다. 그러나 이 '느림'은 이미 지난날의 전설, 최근 중국의 변화를 한마디로 말한다면 '만만디'가 '콰이콰이'로 변했다는 사실이다. 이제 중국은 더 이상 '잠자는 사자'가 아니다. 세계 최대의 인구가 모두 일어나 걷다가 지금은 달리고 있다. 달려도 아주 맹렬한 속도로 달리는 중이다.

3. 실속형과 과시형

"겉 다르고 속 다르다."는 한국 속담은 중국인을 두고 한 말이 아닌가 한다. 허름한 옷차림에 느릿느릿한 몸짓, 이런 중국인의 겉모습과는 달리 속으로는 은밀하게 챙길 건 다 챙기는 실속형이다. "재주는 곰이 부리고 돈은 중국인이 먹는다."는 한국 속담이 있다. 이들은 평소에 회색이나 검정색 옷을 즐겨 입지만 때론 화려한 원색으로 자신을 과시한다. 이는 바로 꾸밈없는 모습의 실용성과 호화찬란한 과시용의 공존이다. 외부로 드러내는 과시형이면서도 내면으로는 실속을 챙기는, 그야말로 극단적 양면성의 표본이다.

색깔 중에서도 유독 눈에 잘 띄는 붉은색이다. 중국인들처럼 붉은색을 선호하는 민족이 있을까. 국가를 상징하는 국기(國旗)인 오성홍기(五星紅旗)부터 그렇다. 뿐만 아니라 각종 격문(檄文)이나 간판도 붉은색 바탕이 다수를 차지한다. 중국을 돌아본 한국 방문객들은 천안문 광장에서 휘날리는 붉은 깃발이 이 나라에서 받았던 가장 강렬한 인상이었다고 말하기도 한다. 이런 인상은 천안문 광장에서만이 아니다. 과시용의 표본인 붉은 깃발은 태산(泰山)이나 황산(黃山)과 같은 명산의 정상에서부터 인적 드문 내몽고 초원이나 사막 한가운데까지도 대륙 어디서나 나부끼고 있다.

깃발 외에도 각종 간판이나 표어가 적힌 포스터도 과시용의 또 다른 표상이다. 누군가는, 중국은 '간판의 천국'이라 말한다. 도로변의 상업용 간판으로부터 계몽·선전을 위한 각종 선전물과 안내문에 이르기까지 온통 간판의 천지다. 심지어 아무런 표식이 필요 없는 자연지물마저도 표지판으로 도배된 느낌이다.

중국 방문객이라면 누구나 대륙의 산야에서 흔히 볼 수 있는 일이다. 유명산의 경치 좋은 바위라면 어김없이 멋진 서체의 글씨로 감상의 시문을 새겨 놓은 것을 볼 수 있다. 때로는 간판 글씨가 실제 건물보다 더 큰 경우도 볼 수 있다. 건물 밖에서 간판만 보고 괜찮은 곳으로 알고 들어갔다가 금방 실망하고 되돌아 나오는 경우도 가끔 있는 일이다.

중국인의 육성이 유독 우렁찬 것 역시 이러한 대국인의 속성일는지 모른다. 그 큰 목소리에 중국어 특유의 성조(聲調)까지 곁들여 놓으면 그들의 말소리는 더욱 볼륨을 높인다. 식당과 같은 공공장소는 말할 것도 없고, 두 사람만의 은밀한 대화에서도 그 목소리는 필요 이상의 고성이 오간다. 물론 요즘 들어 북경·상해·광저우·심천 등 대도시를 중심으로 공중질서, 공중도덕, 사교 예의와 상호 배려 등의 교육과 홍보를 대대적으로 실시함에 따라 차츰 좋아지고 있는 상황이다.

서양 사람들은 그 외양만으로는 한·중·일 삼국인을 잘 구별하지 못한다. 유럽 여행 중에 만난 어떤 가이드가 전해 준 말이다. 그녀 나름으로 터득한 동양인 구별법이라고 할까, 가이드가 먼저 '어서 오시라'며 인사를 건네면 세 민족의 반응은 각기 다르다고 한다. 허리를 굽혀 깍듯이 답례하는 여행객은 일본인이요, 딴청을 부리며 거드름을 피우면 이는 한국인이다. 이에 반해 인사는 뒷전으로 하고 저희들끼리 마냥 떠들기만 하면 틀림없이 중국인이라는 것이다. 물론 이는 한·중·일 삼국인에 대한 가이드의 편면적인 인식에 불과하지만, 이러한 편견을 무심히 지나칠 것이 아니라 그 원인에 대해 한번 곰곰이 생각해 볼 필요가 있다.

4. 자주성과 배타성

북경올림픽을 앞두고 중국 정부에서 대(對) 국민 캠페인을 벌인 적이 있다. 당시 친절·청결과 함께 예의, 예절 등 국제적 감각의 예절을 특히 강조하였다. 이를테면 쓰레기를 함부로 버리지 말 것이며, 아무 데나 가래침을 뺃지 말고, 아무 장소에서나 웃통을 벗지 말라는 식의 대체로 그런 내용들이었다. 자국민들의 생활 습관에서의 폐습을 잘 지적한 것으로, 실제로 행사가 끝난 뒤 월등히 개선되었다는 평가도 받았다.

전통문화의 관점에서 보면 중국은 외래문화에 대해 상대적으로 보수성 혹은 배타성을 갖고 있다. 물론 상대적인 보수성 혹은 배타성은 그 어떤 문화든 모두 갖고 있는 특성이 아니겠는가고 반문하는 이도 있을 수 있다. 그 이유인즉, 서로 다른 문화라면 이질성을 갖고 있기 때문에 무조건적인 혹은 무원칙적인 상호 문화 융합은 타당치 않거니와 불가능하기 때문이다. 하지만 문제는 중국 전통문화의 경우, 상대적 보수성 혹은 배타성이 한국문화에 비해 상대적으로 뚜렷하다는 점이다. 한국인의 입장에서 볼 때, 이러한 보수성 혹은 배타성은 자국 문화에 대한 강한 자부심은 물론 중국이 세계의 중심이라는 중화사상에 뿌리를 두고 있다고 할 수 있다. '호텔'이나 '택시', '컴퓨터'와 같은 세계 공통의 영어가 통하지 않는 나라가 바로 중국이다. 외래어의 수용을 바탕으로 한·중·일 삼국의 언어문화를 비교해 보면 중국 전통문화의 이 같은 자주성 내지는 배타성을 더욱 실감할 수 있을 것이다.

일본어가 3개국 중 가장 개방적인 언어로 알려져 있다. "어떤 것이든 좋으면 무조건 받아들인다."는 것이 외국어를 수용하는 일본의 기본 입장이다. 그런 이유로 일본어를 잘하려면 전 세계어를 잘해야 한다는 우스갯소리도 있다. 그렇다면 중국어의 사정은 어떠한가? 일본어의 상대적 개방성에 반해 중국어는 상대적 보수형이라 해도 좋을 것이다.

중화(中華)사상의 일환인지는 모르겠으나 중국은 자국어의 순수성을 춘향의 절개만큼 중요시 여긴다. 그래서 고유명사와 같이 원어(原語) 그대로 발음해 주어야 하는 경우에도 자국어식 표현으로 동화시켜야만 직성이 풀린다. 중국어는 모든 세계어를 그들 식으로 용해시키는 거대한 용광로라 할 수 있다. 한국의 경우는 어떠한가? 한국어는 중국어와 같은 보수형도, 일본어와 같은 개방형도 아니다. 한국인의 입장에서 보면 중용(中庸)이라고 할까, 적절한 개방과 함께 어느 정도의 보수성을 지닌, 일종의 '절충형'이라고 할 수 있겠다. 물론 중국인의 시야로 바라본다면 분명 한국어도 일본어와 마찬가지로 일종의 개방형이라고 할 것이다.

5. 다양성과 계층성

세계 최대 인구를 가진 중국은 한족을 중심으로 55개 소수민족을 수용하는 다민족 국가이다. 그런 여건 탓인지는 모르겠다. 개인적으로나 사회적으로나 중국은 계층적 다양성이 두드러진다. 의식주 생활 중 가장 큰 비중을 차지하는 식생활 면에서의 예를 들어 보자.

중국인은 누구든지 녹차(綠茶)를 즐겨 마시고, 요리법이 세계적 명성을 얻을 만큼 식재료가 다양하고 풍부하다. 조리법은 불을 사용하여 기름에 튀긴다는 정도는 그들의 식문화에 대한 일반적인 상식이다. 거기다 중국처럼 식당이 많은 나라도 드물 것이다. 전국 각지에서 성업 중인 수많은 식당들도 음식의 수준 차이나 종류에 따른 비용도 천차만별이다. 곧 최소의 비용으로 한 끼 식사를 해결할 수 있는가 하면 '황제요리'와 같은 상상을 초월하는 고비용의 만찬도 즐길 수 있다.

다양성으로 말하자면 교통수단도 예외는 아니다. 근대적인 가마나 인력거가 버젓이 나다니는가 하면 최첨단의 고속 열차나 고급 택시도 함께 거리를 질주한다. 버스와 같은 대중교통수단도 그렇지만 택시도 그 가짓수나 요금이 다양하기 그지없다. 이런 극단의 격차 속에 생활하면서도 중국인들은 별로 불평이나 불만을 갖지 않는다. 이런 현상은 이방인의 눈으로 볼 때 너무 흥미로운 것이며, 가끔은 의아해하는 눈길도 발견할 수 있다.

옛적의 가마와 최첨단의 유인 우주선이 공존하는 나라, 가난의 때가 찌든 전통가옥에서부터 최첨단의 고층 빌딩이 이웃하는 나라, 이런 사회에서도 그런대로 잘 적응해 나가는 이들의 삶의 모습, 참으로 신비스러울 정도이다.

중국에서 '발 마사지' 하는 모습이나 황산의 정상 부근에서 가마를 타고 산에 오르는 등산객을 눈여겨본 적이 있다. 일부 한국 관광객들은 이에 대해 의아스러워하거나 못마땅해하는 시선으로 바라보는 경우가 가끔 있다. 발 마사지나 산에서의 가마타기 등 현상에 대해 하나의 문화적 전통이라는 관점에 입각하여 접근을 시도한다면, 비록 쉽게 받아들이기는 어려울지라도 그렇다고 해서 너무 의아스러운 일은 아닐 것이라 본다.

중국에서의 '자연보호'는 다분히 인공적 요소가 가미된다는 점에서 한국이나 일본과는 비교된다. 등산 때마다 느끼는 일이다. 중국의 유명산은 어김없이 산길을 돌로 장식하여 계단을 만들고, 그것만으로 부족하여 케이블카까지 설치하여 운행하고 있다. 태산(泰山)의 경우만 해도 오를 때 산 밑에서부터 정상까지 줄곧 돌계단만 디디고 오르게 되어 있다. 게다가 중간중간 몇 개 노선의 케이블카까지 설치되어 등산객을 실어 나른다. 편리한 면은 있으나 '태산이 높음'을 몸소 느낄 수 있도록 이런 인공물은 설치하지 않았더라면 하는 아쉬움이 남는다.

한국인의 입장에서 볼 때, 중국이 중국다운 면이라면 '중화(中華)가 세계의 중심'이라는, 그 호방한 자부심이다. 나아가 그 자부심에 걸맞게 경제를 위시한 모든 분야에서 항차 세계의 중심 국가로 자리매김을 해야 한다. 특히, 그 옛날의 문화(문명) 선진국으로의 위상을 되찾는 일을 주변에서는 바라고 있다. 고래의 전통을 중시하되 여기에 현대적 감각의 세련미가 더해진다면 금상첨화(錦上添花)가 되겠다. 태산이 본래 모습을 되찾기 위해서는 어떤 인공물 설치보다는 자연 그대로의 모습이 더 어울릴 것임을 부가해 두고 싶다. 이와 관련하여 한국과 중국과의 관계도 서두에서 말한 바처럼 '가깝고도 먼 나라'가 아니라 '가깝고도 가까운 나라'가 되기를 기원하고 있다.

중국어의 분야별 특징

1. 중국 표준어(普通話)와 방언

현대 중국어는 광의·협의의 두 관점에서 정의될 수 있다. 협의의 중국어는 현 수도인 북경 발음(北京音)을 표준음으로 하고, 북방(北方) 말을 기초 방언으로 하여 모범적인 현대 백화문(白話文)을 규범으로 하는 '푸퉁화'이다. 흔히 말하는 중국어 어음(語音)·어휘·문법 체계는 푸퉁화를 지칭하는 것으로, 한국어로 본다면 '서울말'이 될 것이다. 다른 하나는 푸퉁화를 포함하여 중국 전역에서 사용되는 소수민족의 언어 및 각 지방방언을 통괄 지칭하는 광의의 중국어이다.

중국어의 방언은 크게 관화구(官話區)와 비관화구(非官話區)로 구분할 수 있다. 북방방언에 속하는 관화(官話)는 한(漢)민족의 기본적인 공통어(표준말)로 대접받는다. 중국의 표준어 관화는 한민족의 주된 생활 무대가 되는 장강(長江) 이북 지역과 이남의 일부 지역의 언어를 포괄한다. 여기서 장강 이남의 일부라면 사천·운남·귀주의 3성과 대부분의 호북성 지역(동남 지역은 제외), 호남성의 서북 지역, 남경·진강(鎭江) 지역('하강관화(下江官話)'라고도 함.) 등이 포함된다.

또 하나의 갈래인 비관화(非官話) 방언은 그 양상이 단순하지가 않다. 지금까지 학계에서는 중국의 방언 구획을 대체로 7대 방언으로 분류함이 통례인데, 그 구체적인 내용은 다음과 같다.

① 북방방언(北方方言)

② 오방언(吳方言)

③ 상방언(湘方言)

④ 감방언(贛方言)

⑤ 객가방언(客家方言)

⑥ 민방언(閩方言)

⑦ 월방언(粵方言)

북방방언은 앞서 말한 대로 한(漢)민족 공동의 기초 방언으로서 중국어 통용 지역의 약 4분의 3을 차지한다. 북방방언은 수도인 북경어(北京語)를 그 기반으로 한다. 사용 지역은 장강(長江) 이북, 진강(鎭江) 상부와 구강(九江) 하부의 연강 지역, 사천(四川), 운남(雲南), 귀주(貴州), 그리고 호남(湖南)·호북(湖北) 두 성(省)의 서북부 지역, 광서(廣西)와 호남(湖南)의 서북부 지역이 이에 포함된다.

오방언은 상해어(上海語)를 기반으로 하고 있다. 여기 포함되는 지역은 상해의 전 지역을 비롯하여 강소성(江蘇省)의 장강 이남 지역, 진강의 동부 지역(진강을 포함하지 않음.), 절강성(浙江省)의 대부분 지역이 포함된다.

상방언은 장사어(長沙語)를 기반으로 하여 호남(湖南)의 대부분 지역이 포함된다.

감방언은 '감화(贛話)'라고도 하며, 남창어(南昌語)를 그 기반으로 하고 있다. 주로 강서(江西)의 중부, 북부, 서부(동부 연강 지역과 남부 지역은 제외)와 호북(湖北)의 동남부 지역, 안휘(安徽) 남부의 일부 지역, 복건(福建)의 서북부 소무(邵武) 일대가 여기에 포함된다.

객가방언은 광동(廣東)의 매현어(梅縣語)를 기반으로 한다. 주로 광동성(廣東省)의 동부 지역과 남부와 북부 지역, 그리고 광서(廣西)의 동남부 지역, 복건(福建)의 서부 지역, 강서(江西)의 남부 지역, 호남(湖南)·사천(四川)의 일부 지역이 여기에 해당된다.

민방언은 방언 자체 내에서 뚜렷한 특징이나 통일성이 없는 것이 특징이다. 복건(福建)과 중국 대만(台灣)의 대부분 지역, 광동(廣東) 동부와 해남(海南)의 일부 지역이 해당된다. 여기서 복건성(福建省) 인구의 약 70~80%가 민남방언(閩南方言)을 사용하고 있음이 특기할 만하다.

월방언(粤方言)은 광주어(廣州語)를 기반으로 한다. 광동성(廣東省)의 대부분 지역과 광서(廣西)의 동남부 일대에도 분포한다. 특기할 만한 점은 홍콩·마카오 지역과 남양(南洋)을 비롯한 일부 국가에 거주하고 있는 화교들도 대부분 이 방언을 사용하고 있다는 사실이다.

2. 중국 문자〔漢字〕의 특징

중국인이 사용하는 한자는 지상에서 가장 많은 인구가 사용하는 최대의 문자이며, 대표적인 表의문자(表意文字)이다. 또한 어소(語素)문자라는 점도 한자의 또 다른 특징이다. 먼저 '어소문자'라는 용어에 대한 이해가 필요할 것 같다. 전 세계의 문자들은 언어 구성상 그 단위를 기록하는 양상에 차이가 있다. 곧 음위(音位) 단위를 기록하는 문자가 있는가 하면, 음절

(音節) 단위를 기록하는 문자도 있다. 이에 대해 한자는 중국어 구성상의 어음(語音) 단위를 기록할 뿐 아니라, 일정한 의미를 가진 단어의 구성 단위가 되기도 한다.

여기서 한자는 중국어에서 음과 뜻의 결합체 — 곧 '어소(語素)'라는 단위가 강조된다. 예외적으로 '葡, 萄, 枇, 杷' 등과 같은 극히 일부 글자에서 비어소(非語素)적인 음절도 있다. 그러나 이런 음절들은 단독으로 뜻을 나타내지 못하면서 [pú], [táo], [pí], [pɑ] 등 음만 표기하고 있을 뿐이다.

한자는 글자 자체로서 외형을 본다면 네모난 평면형 형상을 하고 있다. 라틴 자모나 斯拉夫 자모와 같은 병음문자는 자모가 하나씩 서 있는 모양으로 배열되어 있다. 한자는 이 같은 병음문자와는 달리 가장 작은 필형(筆形) 단위인 필획(筆畫)으로 구성된다. 따라서 한자는 필획이 많을 뿐 아니라 그 구조도 매우 복잡하다. 그렇긴 하나, 하나의 네모 칸 안에 분포되어 결합되어 있는 형체는 자못 정연해 보인다.

한자의 또 다른 특징으로 글자 자체의 형태, 발음, 의미(形 · 音 · 義)에는 그에 합당한 이치와 근거(理据)가 있다는 점이다. 따라서 처음 대하는 한자라도 그 외형만 보고도 글자의 뜻을 대충 짐작할 수 있다는 이점이 있다. 예컨대 '山, 口, 田, 目, 一, 二, 上, 下'와 같은 상형(象形)에 속한 한자가 이에 해당한다. 또한 '炎, 明, 苗' 등의 회의(會意)에 속한 한자 예에서 보듯 그 구성 부분으로부터 대략적인 의미를 유추할 수도 있다. 이 밖에도 '湖, 梅, 緞, 銅' 등의 형성(形聲)의 예에서도 그 구성 요소로부터 뜻은 물론 음까지 알아차릴 수 있는 이점을 제공한다.

물론 모든 한자가 다 그런 것이 아니라 예외적인 경우도 얼마든지 있다. 모든 한자는 태생적으로 이치와 근거를 갖고 생겨났으나 세월의 흐름과 사회의 변천에 따라 예외적인 것도 생길 수밖에 없었다. 예컨대 현재의

'絲' 자는 본래 '실'과는 전혀 관련이 없었고, 우리가 늘 사용하는 '杯' 역시 나무로 만든 기구가 아니었다. 모든 문자가 다 그랬듯이 한자 역시 부호화의 방향으로 발전하고 있음을 보여 준다고 하겠다.

한자로 중국어를 표기할 때 단어에 따라 이어 쓰는 규칙이 없다는 점도 또 하나의 특징이다. 말소리를 병음문자로 적을 때는 일반적으로 좌로부터 우로, 혹은 우로부터 좌로의 형식으로 배열해 나간다. 그래서 한 단어 안에서의 자모와 자모는 이어 쓰게 되고, 단어와 단어 사이에는 한 칸을 비워 둠으로써 그 경계가 표시된다. 그러나 한자의 경우는 이와 다르다. 특히 문장부호를 사용하지 않았던 옛 문장에서는 단어와 단어 사이의 경계가 분명하지 않았다. 그래서 이를 읽을 때 어디에서 끊어야 할지를 주저하게 되었고, 때로 문장의 의미를 파악하는 데에도 지장을 주었다.

또 다른 특징으로, 한자가 표기하는 어음 단위는 '음절'이라는 점이다. 한자의 필획은 음이나 뜻을 나타내지 않으며, 그 어떤 어음 단위와도 직접적인 연관성이 없다. 한자가 중국어를 표기할 때는 필획으로 구성된 글자가 어음 단위와 관계를 맺는다. 이는 곧 한 한자가 하나의 음절을 대표한다는 뜻이다. 그렇다고 해서 한자를 음절문자라 규정하는 데도 문제가 있다.

음절문자는 하나의 음절을 하나의 부호로 표기해야 하며, 하나의 부호는 하나의 음절을 표시해야 한다. 이런 까닭으로 문자 계통 부호 총수가 많을 수 없으며, 그것이 기록하는 언어는 음절의 총수도 많을 수가 없다. 하지만 중국어 푸퉁화에 있어서 성조를 가진 음절 총수는 천수백 개에 이르며, 한자의 수는 수만 개를 헤아린다. 곧 하나의 음절이 몇 개, 혹은 십수개의 한자와 대응하는 것이다. 이와는 반대로 어떤 한자는 몇 개의 음절과 대응하는 것을 보면 한자는 음절문자에 속하지 않는다는 결론을 내릴 수 있다.

3. 말소리[聲韻]에서의 특징

1) 음절(音節)의 구조

중국어에서 어휘는 풍부하지만 음절은 푸퉁화(표준말)에서 400여 개 정도이며, 상용 음절도 고작 100여 개에 불과하다. 따라서 이들 400여 개의 음절을 숙지하는 것이 푸퉁화 발음의 학습에 필수적이다.

중국어 음절은 성모(聲母), 운모(韻母), 성조(聲調)의 세 부분으로 구성된다. 여기서 운모는 다시 운두(韻頭), 운복(韻腹), 운미(韻尾)로 나누어진다. 다만 음절에 따라서는 운두 혹은 운미가 없는 예외도 있다. 또한 보음(輔音) 성모는 어떤 음절에나 다 있는 건 아니다. 성모가 없는 음절을 '영성모(零聲母) 음절'이라 부르기도 한다.

운모 중 운두, 운복은 언제나 원음 음소(元音音素)여야 하지만 운미는 원음일 수도 있고 보음일 수도 있다. 하나의 음소가 단독으로 음절을 구성할 시는 반드시 원음 음소여야 한다. 하나의 음절에 많게는 네 개의 음소가 있을 수 있고, 그 중 원음 음소가 두 개, 혹은 세 개를 차지하기도 한다. 보음 음소(輔音音素)는 음절의 맨 앞 부분(성모로 될 때), 혹은 맨 끝(운미로 될 때)에 놓인다.

중국어에서는 하나의 음절에 두 개의 보음이 연이어 놓일 수는 없다. 이런 현상이 바로 중국어 음운의 특징으로서 한국어와 구별되는 점이다.

중국어 음절의 다른 하나의 특징은 음절마다 성조가 있다는 점이다. 아래 표의 분석을 통해 중국어 음절 구성의 특징을 구체적으로 알아보기로 한다.

音　節	声　母	韵　母			声　调
		韵頭	韵腹	韵尾	
都　dōu	d		o	u	阴平
來　lái	l		ɑ	i	阳平
學　xué	x	ü	ê		阳平
好　hǎo	h		ɑ	o	上声
規　guī	g	u	e	i	阴平
范　fàn	f		ɑ	n	去声
标　biāo	b	i	ɑ	o	阴平
准　zhǔn	zh	u	e	n	上声
的　de	d		e		輕声
普　pǔ	p		u		上声
通　tōng	t		o	ng	阴平
话　huà	h	u	ɑ		去声
语　yǔ			ü		上声
音　yīn			i	n	阴平

　상기 음절 분석 결과에서 알 수 있듯이 하나의 음절에는 성조와 운모 중에 운복이 반드시 있어야 한다. 다른 성분은 반드시 필수적인 것이 아니다. 운두로는 'i, u, ü'의 3개 음이 있고, 운미로는 'o, i, u, n, ng'의 5개 음이 있다. 'ui, un'은 단순히 표기 형식으로서 분석할 때는 운복 'e'를 생략한 것으로 보며, 'iu'는 운복 'o'를 생략한 것으로 본다. 'ü'와 'ê'는 분석할 때 여전히 원음 음소대로 써서 'u, e'와 혼동하지 않도록 한다. 'i, u, ü' 등 영성모(零聲母) 음절을 쓸 때 사용되는 'y, w'는 음소로 취급하지 않는다.

　이처럼 음절을 분석해 보면 제일 작은 어음(語音) 단위인 음소를 찾아낼 수 있다. 예컨대 'dong'은 음소 'd-o-ng'로 분석된다. 음소는 단독으로, 또 몇 개를 결합하여 구성할 수도 있다. 하나의 음절에 최대 네 개의 음소가 있을 수 있는데, 표준말 어음에는 32개의 음소가 존재한다.

음소(音素)는 원음(元音)과 보음(輔音) 두 종류로 나뉜다. 원음은 발음될 때 기류(氣流)가 성문(聲門)을 통과하면서 성대(聲帶)를 진동시켜 우렁찬 소리를 내게 한다. 기류가 구강(口腔) 안에서 발음기관의 아무런 장애도 받지 않는 것이다. 이때 구강은 기류를 조절하는 작용만 한다. 표준말에는 'a, o, e, ê, i, u, ü, -i[ı], -i[ı], er'과 같은 10개의 원음이 있다.

한편 보음은 발성(發聲) 시 기류가 성문을 지나면서 일반적으로 성대를 진동하지 않으며, 소리도 우렁차지 않음이 특징이다. 기류가 구강 안에서 발음기관의 각종 장애를 받게 되는데, 이런 장애를 통과해야만이 미약한 소리를 낼 수 있다.

보음은 발성 시 기류가 성대를 진동하게 하는데, 이때 소리도 비교적 우렁차게 들린다. 'p, t, k'의 경우 성대가 진동되지 않으며 소리도 우렁차지 않은데, 이런 보음을 '청보음(淸輔音)'이라 한다. 반면 'ng'의 경우는 발성 시 기류가 성대를 진동하여 소리도 우렁찬데, 이런 보음을 '탁보음(濁輔音)'이라 한다. 표준말 어음 중에 'm, n, l, r'의 네 개 보음도 탁보음에 속한다. 표준말 어음에는 'b, p, m, f, d, t, n, l, g, k, h, j, q, x, zh, ch, sh, r, z, c, s, ng'과 같이 모두 22개의 보음이 있다.

성모(聲母)

중국어 음운론(聲韻學)에서는 전통적으로 하나의 음절(音節)을 성모(聲母)와 운모(韻母)의 두 부분으로 가른다. 이를테면 '見 [jiàn]'이란 발음에서 음절이 시작되는 부분 'j'가 바로 성(聲)이며, 이를 표시하는 음성기호를 '성모(聲母)'라 한다. 일반적으로 성모는 보음(輔音)으로 구성되는데, 발성 시 대체로 기류가 성대를 진동하지 않아 소리도 우렁차지 않다. 중국어 표준어에는 모두 21개의 보음성모(輔音聲母)가 있다. 또한 보음성모 외에 영성모(靈聲母)라는 것도 있다. 표준말 어음에서의 성모 명칭은 아래와 같이 7개의 발성 부위(部位)에 따른다.

① 雙脣音 : 발성 시 두 입술이 작용하는 'b, p, m'
② 脣齒音 : 발성 시 아랫입술과 윗니가 작용하는 'f'
③ 舌尖前音 : 발성 시 혀끝과 윗니 뒷면이 작용하는 'z, c, s'
④ 舌尖中音 : 발성 시 혀끝과 윗잇몸(上齒齦)이 작용하는 'd, t, n, l'
⑤ 舌尖后音 : 발성 시 혀끝을 위로 구부리고 경구개 앞 끝(치은 뒤 끝)과 함께 작용하는 'zh, ch, sh, r'
⑥ 舌面音 : 발성 시 혓바닥 앞부분과 경구개 앞부분이 작용하는 'j, q, x'
⑦ 舌根音 : 발성 시 혀끝과 연구개가 작용하는 'g, k, h' 등

운모(韻母)

중국어 음운론에서는 한 음절에서 성모의 뒷부분을 '운(韻)'이라고 하고, 이 운을 표시하는 자모를 '운모'라 한다. 예로 '普通話[pǔtōnghuà]'라는 세 음절에서 'u, -, ong, -, uɑ'가 바로 운모다. 운모는 하나의 원음(元音)으로, 둘 또는 세 개의 원음으로 형성될 수 있다. 또, 원음과 보음운미(輔音韻尾)로 구성될 수도 있다. 운모에는 원음이 있어 소리가 우렁차고 단독으로 음절을 구성할 수 있다. 원음이 단독으로 구성한 음절을 '영성모(零聲母) 음절'이라고 한다. 표준말 어음에는 모두 39개의 운모가 있다.

성조(聲調)

중국어의 대표적인 특성은 성조라 할 수 있다. 중국어의 모든 방언에 각

기 성조가 있는데, 방언마다 성조의 내용이 같은 것은 아니다. 성조의 종류를 '조류(調類)'라고 하는데, 방언에 따라 나름대로의 차이를 보인다. 이를테면 상해어(상해방언(上海方言))에는 5개의 조류, 소주어(소주방언(蘇州方言))에는 7개의 조류가, 광동어(광동방언(廣東方言))에는 9개의 조류가 있다.

중국어 푸퉁화에는 4개의 조류가 있다. 한 가지 조류의 실제 발음, 즉 소리의 높낮이, 승강(升降)을 '조치(調值)'라 한다. 한 방언에 여러 개의 조치가 있으면 그에 해당되는 조류가 있게 마련이다. 성조 부호는 음절의 운복(韻腹) 위에 표기하는데, 푸퉁화 성조의 구체적 조류와 조치는 다음과 같다.

① 陰平 성조가 높고 평평하며 조치는 55.
  "低 dī, 春天 chūntiān, 東方 dōngfāng"
② 陽平 중간에서부터 상승하는 성조이며 조치는 35.
  "笛 dí, 勤勞 qínláo, 人民 rénmín"
③ 上聲 하강했다가 다시 상승하는 성조이며 조치는 214.
  "底 dǐ, 美好 měihǎo, 理想 lǐxiǎng"
④ 去聲 위로부터 하강하는 성조이며 조치는 51.
  "地 dì, 社會 shèhuì, 勝利 shènglì"

4. 어휘에서의 특징

1) 음절의 수에서

고대 중국어에서는 단음절 단어가 태반이었지만 현대 중국어에 와서는

2음절〔雙音節〕 단어가 주류를 이룬다. 이를 입증하기 위해 『漢語詞彙的統計和分析』(北京外語教學與硏究出版社, 1985)의 통계 자료를 인용해 보이기로 한다.

음절 개수	어휘 개수	비 율	사용 횟수	비 율
단음절	3,026	16.7%	250,606	66.89%
2음절	13,341	73.4%	118,728	31.69%
3음절	943	5.2%	3,522	0.94%
4음절	841	4.6%	1,761	0.47%
5음절 이상	16	0.1%	37	0.01%
합 계	18,177	100%	374,634	100%

위 자료에 의하면 현대 중국어에서 2음절 단어가 차지하는 비율이 73.4%인 데 비해, 단음절 단어는 고작 16.7%에 불과하다. 그런가 하면 3음절이나 4, 5음절(주로 음역된 외래어) 단어는 9.9%를 차지한다. 하지만 단음절 단어의 사용 빈도가 66.89%로 제일 높고, 2음절 단어의 사용 빈도는 31.69%밖에 되지 않음을 알 수 있다.

2) 어휘의 구조에서

중국어 어휘는 구조상 단순어(單純語)와 합성어(合成語)로 대별할 수 있다. 단순어(한국식 용어로는 단문, 단일문)는 하나의 어소(語素)로 구성된 단어이다. 여기에는 단음절로 구성된 것도 있고, 다음절로 구성된 것도 있다. 그러나 음절이 몇 개로 구성되었든 개개의 음절은 독립된 의미를 가졌으며 그 모두가 합쳐져야 제대로 된 의미를 나타낼 수 있다. 다음 예에서 이같은 현상을 확인할 수 있다.

慷慨 餛飩, 馬虎, 安培, 巧克力, 盤尼西林, 歇斯底里

합성어는 두 개, 또는 그 이상의 어소로 구성된 단어를 말한다. 합성어를 형성한 어소들은 상호 밀접한 상관관계를 이루고 있다. 그 중에서도 기본적인 의미를 가진 어소를 '어근(語根)'이라 한다. 어근과 접사(接辭)의 조합 방식에 근거하여 합성어는 두 가지 유형으로 나눈다. 하나는 어근과 어근이 결합된 '조합식' 합성어이고, 다른 하나는 어근과 접사가 결합된 '부가식' 합성어이다. 전자의 **조합식 합성어**는 어근과 어근이 결합하여 형성된 합성어이다. 이 합성어는 어근들 사이의 서로 다른 결합 방식에 의하여 아래와 같은 다섯 가지 유형으로 나눈다.

① **지배식** : 앞에 놓이는 어소는 어떤 동작이나 행위를 나타내고, 뒤에 놓이는 어소는 동작이나 행위의 지배 대상을 나타낸다.

　掌柜, 雪耻, 刺眼, 平反, 冒险

② **보충식** : 앞의 어소는 어떤 동작이나 행위를 나타내나 뒤의 어소는 그 동작이나 행위의 결과에 대해 보충 설명한다.

　예 充满, 革新, 推广, 促進, 削弱

　그리고 이 보충식에는 아래 예와 같이 예외적인 경우도 있다.

　예 車輛, 馬匹, 書本, 槍支, 船只

　이러한 보충식은 의미 면에서 앞의 어소가 중심이 되고, 뒤의 어소는 원래 앞 어소의 계량 단위였는데, 여기서는 보충의 역할만 담당한다.

③ **진술식** : 앞의 어소가 진술의 대상이라면 뒤의 어소는 진술 상황을 표시하게 된다.

　예 内疚, 眼花, 性急, 耳背, 心虚

④ **병렬식** : 의미나 역할 면에서 앞뒤 어소는 그 지위가 동등한 경우이다.

　예 泥土, 珍宝, 优劣, 高低, 手脚, 嘴脸

⑤ **편정식**(偏正式) : 의미 면에서 앞의 어소가 뒤의 어소를 수식하거나
한정한다. 피수식, 곧 수식·한정을 받는 뒤 어소는 '정(正)'이 되고,
수식이나 한정하는 뒤 어소는 '편(偏)'이 된다.

　예 汽車, 大衣, 甲魚, 武斷, 壯觀, 草原

한편, **부가식 합성어**는 어근과 접사로 구성된 합성어로 아래와 같은 두
가지 유형으로 가를 수 있다.

① 접두사와 어근으로 구성된 것

　老 — 老板　老婆　老應　老鼠　老大

　阿 — 阿婆　阿爸　阿姨　阿三　阿毛

② 어근과 접미사로 구성된 것

　- 子　鞋子　帽子　屋子　院子　胖子

　- 儿　鳥儿　棍儿　盆儿　門儿　畵儿

　- 頭　石頭　木頭　磚頭　念頭　勁頭

　- 然　突然　毅然　泰然　欣然　恍然

접미사에는 어근 뒤에 놓여 일정한 뜻을 나타내거나 감정을 나타내는
역할을 하는 중첩 성분도 포함한다.

　-乎乎　熱乎乎　軟乎乎　黑乎乎　臭乎乎

　-油油　黑油油　綠油油

중첩된 성분은 '-乎乎, -油油'의 예에서 보듯 실질적인 의미는 없지만 어근이 나타내는 의미나 감정 색채를 강조하는 역할을 한다. 곧 어근 뒤에 이런 성분을 덧붙이면 '熱, 軟, 恬, 酸' 등이 단독으로 쓰일 때보다 표현되는 의미나 감정이 더 강한 느낌을 주게 된다.

3) 외래어의 수용 면에서

중국어 어휘의 특색을 외국어의 수용 면에서도 찾아볼 수 있다. 외래어의 수용에서 중국처럼 인색한 나라도 드물 것이다. 중국어 어휘에서 외래어를 원음 그대로 발음되는 예는 찾아보기 어렵다. 어쩔 수 없이 받아들여야만 하는 고유명사나 특수 어휘의 경우에도 원음 그대로가 아닌 중국어식으로 발음하려 한다. 자국어의 방식으로 주조(鑄造)되었다고 할까, 여기서 말하는 중국어식은 외래어의 음(音)보다는 의미 살리기에 주안을 두는, 또 하나의 중국어라 할 수 있다.

이런 중국식 외래어 수용법은 중국인의 자국어에 대한 강한 애착이나 자부심을 읽을 수 있다. 따라서 중국어의 어휘 체계는 한국어의 그것에 비해 비교적 강한 배타성을 가진다.

여기에 관련된 몇 예를 들어 보기로 한다.

단 어	한국어	중국어
Computer	컴퓨터	電腦
Internet	인터넷	网络
Home page	홈페이지	网站
e-mail	이메일	電子邮件

위의 예에서 보면 한국어에서는 영어의 원음을 그대로 받아들인다. 이

에 반해 중국어에서는 원 용어의 의미를 바탕으로 중국식 신조어(新造語)를 만들고 있음을 볼 수 있다. 때문에 중국어에는 고유어의 비율이 한국어의 그것에 비해 절대적인 우위를 차지할 수밖에 없다.

의미 분포 면에서 볼 때 중국어의 어휘는 이거성(理据性)이 비교적 강하여 추상적이고 논리적인 개념을 나타내는 단어가 상대적으로 풍부한 편이다. 또한 중국어의 어휘 사용은 주관성이 강하며 존칭·계칭 등 범주가 상대적으로 모호하다는 점도 특기할 만하다.

4) 방언 어휘에서 ─ 중국 대만·홍콩과의 방언 차이

언어는 공간적인 환경을 달리하는 곳에서 시간성을 띠게 되면 변화하기 마련이다. 언제나 변함없는 절대적인 언어란 있을 수 없다. 지리적 환경이나 사회 계층적 여건에 따라 방언(方言)은 형성되게 되어 있다.

중국은 영토가 넓은 만큼 언어도 여러 지역의 방언으로 갈라져 변화를 거듭하고 있다. 중국어 방언 구역은 지역별로 나누는 게 원칙이지만, 개개의 방언은 동일한 지역에만 집중되는 것이 아니라 여러 지역으로 흩어져 분포할 수도 있다. 규모가 작은 방언권일지라도 보통은 사용 인구가 3000만이 넘는다. 이로 인해 한 방언이 타 방언권과 상호 의사소통이 불가능한 경우도 있다.

학계에서는 중국어의 방언은 대략 7대 구역으로 분류하고 여기서 다시 큰 갈래, 작은 갈래로 세분하고 있다. 또, 같은 구역 안이라 하더라도 여러 계통으로 세분하여 음운, 형태, 문장 및 성조 등의 차이를 밝히고 있다. 그러나 대부분의 방언은 큰 갈래까지는 밝히고 있으나 소수의 일부 방언은 아직도 그 소속조차 확정짓지 못하고 있다.

중국어에서 북방의 표준어(푸퉁화)와 현저한 차이를 보이는 방언이 남방의 광동성(廣東省) 지역의 방언일 것이다. 그 외에도 특히 체제를 달리하는 중국 대만(臺灣)이나 홍콩(香港)의 경우는 본토와는 유다른 언어 체계를 갖고 있다. 이와 관련하여 대만에서 있었던 한두 예화를 소개하고자 한다.

중국 대륙에서 온 모 유명 인사가 현지 청중을 향해 "各位同志, 借此机會能够認識大家, 非常榮幸。"이라 인사를 했다. 그런데 이 첫 마디 인사말에 좌중은 그만 웃음바다가 되고 말았다. 원인인즉슨 '同志'라는 한 마디 호칭에 있었다. '동지'라는 말은 대륙에서는 '뜻을 같이하는 사람'이란 의미로 쓰인다. 그러나 대만에서는 동성연애자들 사이의 호칭어란 것이다. 엄숙한 자리에서 이런 호칭을 썼으니 웃음보가 터짐도 당연하다 하겠다. 홍콩에서도 대만의 영향으로 '동지'가 동성연애자들의 호칭어로 통용된다는 것이다.

역시 대만에서 있었던 또 다른 예화로, 대륙에서 온 모 사회자가 안내를 맡은 현지인과 다음의 대화를 나눈다.

台湾主持人: 這是你的房間, 你先充充電, 晚上再安排爲你軟脚。

大陆主持人: 充電, 干嘛要充電? 晚上給我軟脚, '軟脚'是什么意思?
我這脚……。

台湾主持人: 啊, '充電'是'休息'的意思, '軟脚'呢, 就是'接風'的
意思。

大陆主持人: 我還以爲你們認爲我走累了, 要給我的脚按摩呢！

이 대화에서 대륙인이 현지인의 말을 잘 알아듣지 못한 주된 요인은 '充電'이란 말의 의미 해석에 있었다. '充電'이 대륙에서는 '학습을 통하여 지식이나 기술을 보충한다.'는 뜻으로 쓰인다. 그러나 대만에서는 '휴식, 정

리하다.'는 의미로 쓰이는 데서 빚어진 현상이다. 또한 '軟脚'도 대륙에서
는 전혀 쓰이지 않는 말이다.

중국 대륙과 중국 대만·홍콩은 거리뿐 아니라 체제에 따른 문화 차이
에서 이처럼 언어 소통력이 나빠졌음을 알 수 있다. 본토 중국어와 대만·
홍콩 중국어 어휘 체계의 차이점을 좀 더 구체적으로 분석해 보기로 한다.

어휘의 존재 여부

2음절 : 政協 勞改 大款 大腕 頭頭 電霸
3음절 : 人代会 三角債 老三屆 一把手 冒尖戶 泡病号
　　　　開小灶 戴帽子 紅眼病 煤老虎 双休日
4음절 : 民主党派 多党合作 參政義政 政企分開 宏觀管理
　　　　希望工程 首都意識 應試教育 領導班子 小康水平 門前三包
5음절 : 四个現代化 做兩手準備

상기 어휘는 대륙에서는 일상 용어로 자주 쓰이지만 대만이나 홍콩에
서는 사용되지 않는다. 따라서 대륙의 사회 구조나 실정에 대해 잘 모르는
현지인들은 그 본뜻을 이해하기 쉽지 않다. 이와는 상반되는 다음 예를 보
기로 한다.

2음절 : 議場　充電　軟脚　頭路　便当　作秀
3음절 : 省議會　公听會　政務官　政治秀　討海人
4음절 : 上班一族　K書服務　憲政改革
5음절 : 少年感化院

앞의 예는 주로 대만에서 사용하는 어휘들로, 대륙이나 홍콩에서는 거의 쓰이지 않는다. 또 다른 어휘 예를 보자.

2음절 : 探員　星探　線人　食腦　公屋
3음절 : 立法會　政務司　律政司　飮咖啡　烏龜党
4음절 : 草根階層　行政會議

이는 주로 홍콩에서만 사용하는 어휘들로서 중국 대륙과 대만에서는 거의 사용되지 않는다.

2음절 : 長官　視事　飯局　賭局　國語　洋行　續弦　高買
3음절 : 幼稚園　接線生　侍應生　區公所　童子軍
4음절 : 自來水筆　級任老師

상기 예는 1949년 전까지만 해도 대륙은 물론 중국 대만·홍콩에서도 두루 사용된 것이다. 그러나 중화인민공화국이 성립된 후로 대륙에서는 그 자취를 감추었으나 중국 대만과 홍콩에서는 지금도 사용되고 있다.

형동실이(形同實異)

서로 다른 정치 제도나 사회 체제는 어휘 의미의 변질을 초래할 수도 있다. 일부 어휘는 대만·홍콩에서도 표준어와 같은 의미로 쓰이긴 하나 그 뉘앙스에서만 약간의 차이를 보이는 것들이 있다. 이런 어휘를 몇 가지 유형으로 나누어 실례를 보이고자 한다.

첫째로, 오랫동안 같은 의미로 사용해 왔던 어휘가 1949년 이후 중국 당국에서 새로운 의미를 부여하는 바람에 뉘앙스를 달리하게 된 경우이다.

단 어	중국 대륙	중국 대만과 홍콩
检討	결점이나 착오를 반성하다.	업무 총화
同志	공통의 이상이나 사업을 위해 분투하는 사람. 평소 서로 간에 호칭어로 주로 사용한다.	동일한 정당의 구성원. 최근에는 동성 연애자들 사이에서의 호칭어로 많이 사용한다.
书记	공산당, 공산청년단 등 각 조직에서의 주요책임자	문서의 처리와 초록(抄錄)을 맡은 사람
愛人	배우자	내연녀, 내연남
下海	원래 직장을 그만두고 상업에 종사하다.	비전문직 희곡배우가 전문직 배우로 되다. 여자가 타락되어 기녀가 되다.
书店	서점	출판사

둘째로, 어휘 자체의 의미가 처음부터 서로 다르게 생성된 경우이다.

단 어	중국 대륙	중국 대만과 홍콩
挂钩	학교와 공장이 상호 협력함을 비유	경찰과 강도가 공모하다. (대만)
分房	복지로 집을 배정하다	부부가 별거하다. (홍콩)
班房	감옥(대만과 대륙이 동일한 의미)	교실 (홍콩)
同房	부부가 성생활하다.	방을 같이 쓰다. (홍콩)
管道	관, 파이프	경로, 수단 (대만)
學位	학위	학교에서 학생을 수용할 수 있는 양 (홍콩)
單位	행정기관, 단체 및 부속 부서	가옥의 라인 (홍콩)
地下	지하	지상 1층 (홍콩)
高姿态	자신의 이익에 손해가 가는 일에 대해 용서, 양해, 양보하는 자세	유리한 지위나 위치에서 상대방을 억눌러 복종하게 하다. (홍콩)
死党	완고한 반동 세력 및 도당	절친한 친구

셋째로, 대만·홍콩에서 쓰이는 어휘 중 의미상 대륙보다 더 포괄적인 경우이다.

단 어	중국 대륙, 대만, 홍콩에서 공통으로 사용되는 의미	중국 대만, 홍콩에서 사용되는 의미
太空人	우주 비행사	기러기 아빠 (홍콩)
花圈	(애도의) 화환	축하의 화환 (대만)
身段	몸매, 맵시	자세 예) "政府要放下身段. (정부는 자세를 낮추어야 한다.)" (홍콩)
別墅	별장	남녀가 즐기도록 세를 주고 시간에 따라 돈을 받는 환경이 우아한 곳(대만, 홍콩)
充電	전기 충전	휴식, 휴식 정리 (대만)
包裝	(상품 등을) 포장하다	사람이나 사물의 이미지를 그럴듯하게 꾸며 가치를 상승시키는 것 (대만, 홍콩)
仪仗队	의장대	靈柩를 안장하는 곳으로, 옮길 때 앞에서 악기를 불며 지나가는 대오 (대만, 홍콩)

넷째로, 대륙에서 쓰이는 어휘 중 대만·홍콩보다 의미상 더 포괄적인 경우이다.

단 어	중국 대륙, 대만, 홍콩에서 공통으로 사용되는 의미	중국 대륙에서 사용되는 의미
单元	(빌딩의) 라인	(교재 등의) 단원
OK	승인, 허가	(그만하면 되었다는 뜻에서) 좋다, 알았다
拜拜	안녕	헤어지다
學費	학비	대가

단 어	중국 대륙, 대만, 홍콩에서 공통으로 사용되는 의미	중국 대륙에서 사용되는 의미
辮子	땋은 머리	(어떤 사람에게 협박을 당하거나 비난이나 공격을 당할 수 있는) 과실이나 잘못
尾巴	동물의 꼬리	종속자, 줏대가 없는 사람
婆婆	시어머니	현명하지 못한 상급 기관 혹은 그 간부
家	집	군부대 혹은 행정기관에서 모 구성원이 일하는 곳
緊張	격렬하거나 긴박하다. 예 工作緊張	물품의 공급이 부족하다.
掌握	통제하다, 지배하다 예 掌握時間	소유하다, 마스터하다 예 掌握理論

실동형이(實同形異)

일상으로 쓰이는 어휘에서 일부 의미가 같거나 거의 비슷하지만 중국 대륙과 중국 대만·홍콩에서는 완전히 다른 언어 형태를 취하는 경우이다. 이를 한국어와도 관련지어 몇 예를 들어 보인다.

한국어	중국 대륙	중국 대만과 홍콩
정상회의	首腦会義	高峰会義
선진국	发达國家	開發國家
개발도상국	发展中國家	開發中國家
하층 계급	勞苦大衆	草根阶层 (홍콩) 微生蟲 (대만)
계획 출산	计划生育	家庭计划 (홍콩)
무궁화 호텔	星级酒店	梅花酒店 (대만)
표준어	普通話	國語 (대만, 홍콩) 普通話 (홍콩)
대만 민남말	台湾闽南話	台語 (대만)

한국어	중국 대륙	중국 대만과 홍콩
공연하다	表演 演出	做秀 (대만) 做骚 (홍콩)
경로	渠道	管道 (대만)
노약자석	老弱病残专座	博愛座 (대만)
소질	素质	质素 质地 (대만)
엘리트	尖子	精英 (홍콩)
만화영화	動画片	卡通片
컨테이너	集裝箱	货柜
택시	出租车 的士	的士 (홍콩) 计程车 (대만)
플라스틱	塑料	塑胶
볼펜	圓珠笔	原子笔
출납원	出纳员	收银员 (홍콩)
선물	禮品	手信 (홍콩)
아첨하다	拍馬屁	擦鞋 (홍콩)
오토바이	摩托车	机车 (대만) 電单车 (홍콩)

　상기 예에서 보듯 이 같은 어휘상의 이질성은 중국 대륙과 중국 대만·홍콩이 서로 다른 자연·지리적 여건 이외에도 사회·역사·문화적인 환경에서 형성된 결과물이다.

　주지하는 대로 중국 대만은 50여 년간 일제(日帝)의 식민 통치를 받았고, 홍콩은 한 세기에 걸쳐 영국의 지배를 받아 왔다. 게다가 두 지역 모두 독립이나 광복 후에도 반세기에 걸쳐 본토(대륙)와는 교류가 단절된 채로 각기 다른 체제를 유지하여 왔다.

　두 지역은 오랜 시간 중국 대륙과는 전혀 다른 정치제도 및 경제 체계 하에서 생활하다 보니, 자연 언어도 나름의 지역 특성을 갖게 된 것이다. 어휘적 측면에서 보면 대만은 '신구결합(新舊結合)'·'토양병존(土洋竝存)'이라 할 수 있고, 홍콩은 외래어 수용이 활발한 탓으로 어휘 목록에서 더 많은 외래어를 보유하게 되었다.

5. 문법에서의 특징

1) 제한된 형태 변화

중국어의 형태 변화에 대해서는 보는 이에 따라 견해를 달리할 수 있다. 전혀 형태 변화가 없는 것으로 보아, 있다고 해도 극히 제한적이라고 할 수도 있다. 그런가 하면 중국어는 넓은 의미에서의 형태 변화가 있다고 주장할 수도 있다. 여기서 어느 쪽을 취하든 이들의 견해가 절대적으로 대립하는 것은 아니다. 어떤 주장이든 중국어 형태 변화의 개념 자체에 대한 인식이나 그것에 대한 해석의 차이가 있을 뿐이다. 중국어의 형태 변화를 한국어의 그것과 대비해 보면 변화로 여겨지는 약간의 형태적 변이를 추적해 볼 수도 있다.

한 예로 '頭'의 경우를 들어 보면, '頭'는 동사와 형용사의 뒤에 쓰여 동사·형용사로 하여금 다음의 예처럼 명사로 전환시키는, 일종의 명사화 접미사의 역할을 보게 된다. 이와 같은 유형인 '子'와 '兒'의 활용 예를 보기로 한다.

念(생각하다) － 念頭(생각)
甛(달다) － 甛頭(단맛, 이득)
苦(쓰다) － 苦頭(쓴맛, 고통)

胖(살지다, 뚱뚱하다) － 胖子(뚱뚱보), 瘋(미치다) － 瘋子(미치광이)
聾(귀가 먹다, 어둡다) － 聾子(귀머거리), 傻(어리석다) － 傻子(바보)
剪(자르다, 베다) － 剪子(가위), 梳(머리를 빗다) － 梳子(빗)

盖(덮다) － 盖兒(덮개), 尖(뾰족하다) － 尖兒(뾰족한 끝)

頭(머리) － 頭兒(우두머리), 眼(눈) － 眼兒(구멍)

畫(그림, 그리다) － 畫兒(그림)

한편, "說說, 裝裝孫子, 搖搖頭, 撇撇嘴, 學學赶時髦, …"에서 보듯 동사가 중첩되는 예를 볼 수 있다. 이처럼 동사가 중첩되는 표현은 대체로 동작의 반복이나 동작 유지 시간의 짧거나 어떤 동작을 '실험삼아 해 보다'는 식의 부수적인 의미를 나타내는 경우이다.

하지만 앞서 말한 바처럼 이런 형태 변화는 매우 제한된 범위 내에서만 이루어진다. 따라서 중국어의 보편적인 문법 현상을 설명하는 데는 적절하지 않다. 이런 점에서 중국어의 형태상의 특질을 다음과 같이 결론지을 수 있다.

첫째로, 문법 형식이 완전한 규칙성을 갖지 못한다는 점이다. 앞서 든 예에서처럼 접두사 '頭'는 극소수의 동사, 형용사 뒤에 붙어 문법적 의미를 더해 줄 뿐이고, 동사의 중첩 현상도 극히 제한되어 있다. 말하자면 모든 동사가 중첩 사용될 수 없다는 것이다.

둘째로, 형태 변화 현상을 바탕으로 그 이상의 추리는 불가능하다는 점이다.

셋째로, 형태 변화를 유발시킬 수 있는 일부 단어들이 있긴 하지만 여기서 드러나는 문법적 의미는 미약하다는 점이다. 이를테면 '們'은 사람을 지칭하는 명사 뒤에만 쓰일 수 있고, 주어, 한정어, 목적어의 위치에만 쓰인다. 만약 목적어 위치에 쓰이려면 반드시 겸어(兼語)의 위치에 나타나야 한다. '着'이나 '了' 또는 '過'도 모든 동사에 공히 붙을 수 있는 것은 아니다. 넷째로, 중국어 형태 변화는 한국어에 비해 보편성이 결여되어 있다.

2) 어순〔語序〕 및 허사(虛詞)의 역할

중국어 문법 체계에 있어 문장의 어순(語順)과 허사의 역할은 매우 중요하다. 앞서 본 것처럼 보편성과 규칙성이 결여된 중국어 형태상의 결함을 이 어순과 허사가 보완해 주는 것이다.

중국어 문장에서는 어순이 달라지면 그 의미도 달라진다. 예컨대, "我喜歡他。"는 "나는 그를 좋아한다."라는 말이다. 그런데 대명사의 위치를 바꾸어 "他喜歡我。"라고 하면, 반대로 "그는 나를 좋아한다."라는 뜻이 되고 만다. 한국어라면 "나는 그를 좋아한다."라고 하든 "그를 나는 좋아한다."라고 하든 의미상 차이는 없다. 또 "不很好。"라고 하면 "그다지 좋지 않다."는 뜻인데, 어순을 바꿔 "很不好。"라고 하면 "매우 나쁘다."는 뜻이 되고 만다.

허사의 기능과 역할도 어순의 그것만 못지않다. 한 문장에서 허사의 사용 여부나 어떤 허사를 사용하느냐에 따라 문장의 의미는 사뭇 달라진다. 허사 '的'의 사용 예를 보자. '看書'라 하면 그저 '책을 본다.'는 뜻이지만 여기에 '的'을 가운데 삽입하여 '看的書'라 하면 '(이미) 본 책'을 뜻하는 말이 된다.

중국어 문장에는 허사 이외에도 보충어라는 성분이 있어 동사 술어와의 결합도 다양하게 한다.

이 밖에도 음절의 수에 따라 단어의 결합이나 문장을 만드는 기능도 달라지고, 또 양사(量辭)의 종류가 한국어보다 훨씬 많다는 점도 중국어 문장의 한 특징이라 할 수 있다.

6. 담화·화법에서의 특징

중국어의 담화·화법상의 특성 역시 중국인의 보편적인 정서나 생활 관습, 곧 중국 전통문화의 큰 틀 속에서 벗어나지 않는다. 한두 예문을 통하여 이런 화법상의 특성을 알아보기로 한다.

> 我今天能取得這樣的成果, 跟大家的共同努力是分不開的。
> 제가 오늘 이러한 성과를 거두게 된 것은 여러분과의 공동 노력의 결과라 생각합니다.
> 這要歸功于大家。
> 이 영광을 여러분에게 드려야 한다고 생각합니다.

예문으로 든 중국어 인사말에서는 어디까지나 개인보다는 집단을 앞세우고 있다. 중국인의 화법(話法)은 이처럼 자신의 노력으로 소정의 성과를 거두었음에도 이를 집단의 공덕으로 돌리려고 한다. 단순히 인사치레로 하는 말이라고만 볼 수는 없다. 이런 표현의 저변에는 개인보다는 집단, 곧 나와 더불어 살아가는 공동체를 더 중히 여기는 윤리관에서 비롯된 것이다.

또 다른 예를 들어 본다. 사업차 중국에 진출하여 필요한 행정 수속을 밟는 과정에서 흔히 볼 수 있는 일이다. 담당 공무원이 "這個手續我們不能給你辦(이 수속은 저희들이 해 드릴 수 없습니다.)"라고 명백한 거부 의사를 밝혔음에도 얼마 지나지 않아 정식 허가가 나오는 수가 있다. 그런가 하면 "你提出的這些要求, 我們今后硏究硏究(당신이 제기한 요구 사항은 저희들이 차후에 검토해 보겠습니다.)"라 해 놓고도 이후 깜깜 무소식인 예도 혼히 있을 수 있는 일이다.

　말과 행동이 서로 다른, 어쩌면 불합리한 듯 보이는 이런 화법은 중국이 원칙이나 법치보다는 예치(禮治)를 중시하는 전통적 문화에 기인한다고 볼 수 있다. 중국 전통문화에 기반을 둔 중국어의 화용론적 특성을 좀 더 구체적으로 지적해 보기로 한다.

1) 의도된 함축성(含蓄性)

　　그 명명(命名)은 작지만 그 유(類)를 취함은 크다. 그래서 그 뜻은 함축성이 있어 심원(深遠)하고, 그 글은 변화를 내포하여 수식하는 문채가 있다. 말은 완곡하지만 핵심을 찌르며, 설명하고 있는 일은 명백하지만 그 논의하는 이치는 깊고 은미(隱微)하다.

『주역(周易)』에 나오는 이 구절이 중국어 화법의 특성을 잘 설명해 주고 있다. 이처럼 중국인의 화법은 전통적으로 자신의 의도를 함축적으로 나타내고자 하는 경향이 있다.

　"비근(卑近)한 언사지만 그 뜻이 심원(深遠)한 것은 좋은 말이다." 하여 『맹자(孟子)』에서도 이와 유사한 구절이 나온다. 또 당(唐)대의 시인 소식(蘇軾)은 "말과 뜻이 같이 끝나면 그것은 천하 최고의 언어 표현이다. 하지만 말이 끝났지만 그 뜻이 무궁한 것은 최고에서도 최상의 언어 표현이다."라고 하였다. 그런가 하면 "말은 함축적인 게 귀한 것이다. 말은 끝났지만 그 뜻이 무궁한 것은 천하 최상의 언어 표현이다."라고 원(元) 대의 양재(楊載)는 「시법가수(詩法家數)」에서 말한다.

　이처럼 자신의 의도를 적나라하게 표출시키지 않은 채 속뜻은 넌지시

감추는 은근함을 중국인들은 이상적 화법으로 여겼다. 이런 전통은 현대로 이어져 국가 간 외교 용어나 문서에서도 예의 의도적인 함축 표현을 사용한다. 이와 관련된 몇 예를 들어 본다.

… 現在已經是秋天了, 我記得大使先生是春天前來的, 那么就經历了三个季節：春天、夏天、秋天—秋天是收获的季節。

… 벌써 가을이 다가왔습니다. 제 기억으로는 대사님께서 봄에 오셨는데 계절이 세 번이나 바뀌었습니다. 봄·여름·가을, 가을은 수확하는 계절이라지요.

위의 예문은 홍콩 주권 회수 문제에 관하여 영국 대표에게 중국 정부의 전 외교부 부부장이 보낸 외교 문서의 일부이다. 얼핏 보기엔 봄에는 꽃이 피고 여름에는 열매가 맺으며 가을에는 거두어들이는, 자연계의 변화를 말하는 것처럼 보인다. 그러나 본뜻은 지금까지의 지리한 협상 과정을 꼬집으면서 이제야말로 분명한 결론을 내려야 할 때임을 강조하는 내용이다.

중국인의 일상적인 대화에서도 이와 유사한 함축적 표현은 흔히 사용된다. 평소 중국인과의 대화에서 상대가 무슨 의도로 그런 말을 하는지 전혀 감이 잡히지 않을 때가 있다. 곧 표면적인 의미는 알 수 있지만 그 이면에 깔린 속뜻은 파악하기 어려운 것이다. 특히 요긴한 부탁이 있어 말을 걸어 올 때면 이와 같은 의도된 함축 표현은 더욱 효과적인 화법이 될 것이다.

중국인들은 정작 자신이 하고픈 말은 숨긴 채 부차적인 용건으로 화제를 삼기도 한다. 이를테면 정작 본론은 "另外(이 밖에)…"라거나, "附帶說

一句(덧붙여 말씀드리지만)…", "順便說一句(말 나온 김에 말씀드리지만)…"
따위와 같이 얼버무리려 드는 것이다. 형식상 이런 표현 뒤의 발언은 그다
지 중요하지 않거나 부차적인 것으로 보인다. 그러나 자신이 정작 하고픈
가장 중요한 말임을 상대는 미리 알아차리지 않으면 안 된다.

2) 전통적 언어 예법

한국인들은 중국인들이 대화를 나누는 장면을 보고 언어 예법이 자신
들보다 못하다고 느낀다. 대화 현장에서 손위 상대에게 반말을 쓰는 듯한
인상을 주기 때문이다. 여기다 한족의 목소리가 유독 클 뿐 아니라 상대의
얼굴을 똑바로 쳐다본 채로 존칭어도 쓰지 않는다는 점을 추가할 수 있다.
물론 중국어의 존대법이 한국어의 그것처럼 발달되지 않은 것은 사실이
다. 그러나 중국어에도 나름대로의 전통적인 언어 예법이 존재한다. 한국
인들이 미처 알지 못하는 중국어 언어 예법의 전통을 몇 가지 관점에서 소
개하기로 한다.

다례경인(多例敬人)

"禮多人不怪。", 곧 "예의가 많다고 탓하는 사람은 없다."는 뜻이다. 이는
예절 지키기에 대한 중국인의 보편적 인식을 지적한 말이다. 서양인들도
일상에서 곧잘 "Thank you"라는 인사말을 하지만 동일한 상대에게 두 번
혹은 그 이상은 반복하지 않는다. 반면, 중국인들은 "謝謝"라는 인사말을
상대적으로 적게 하는 편이지만 정작 고맙다고 느낄 때는 "謝謝", "非常謝
謝"라는 말을 한 번만이 아닌 여러 차례 반복한다.
중국에서 예(禮)는 일상의 언어생활에서도 그대로 발현된다. 발언 순서

에서도 통상 상대를 우선적으로 배려하고, 발언 내용에서도 '貴', '令' 따위의 존경어 사용이 습성화되어 있다. 다른 사람의 의견에 대해서는 '高見'이라며 치켜세우고, 자신을 지칭함에 있어서는 '敝, 愚' 등의 겸손한 표현을 사용한다. 간혹 상대의 의견에 동의하지 않을 때라도 "很受啓發(많은 깨우침을 받았습니다.)."라며 상대의 기분을 맞추어 준다. 뿐 아니라 자신의 의견을 자신있게, 야무지게 발표하고서도 "我的想法很不成熟(저의 생각이 아직 너무 미숙한 점이 많습니다.)."라 하면서 어디까지나 겸허한 자세를 보이려 한다.

비기존인(卑己尊人)

'비기존인(卑己尊人)' 곧 '자신을 낮추어 상대를 존중한다.'는 태도 역시 중국어의 기본 예의관이다. 이런 언어 예의관은 주로 지칭 및 호칭어에서 적용된다. 좋은 예로 자신의 아들을 '犬子'라 하고, 아내를 '賤內, 糟糠, 我那位' 등으로 한껏 낮추어 부른다. 또 자신보다 열 살 정도 어리고 자식보다 열 살 정도 위인 이를 자녀들더러 '叔叔, 阿姨'라고 부르게 하는 것 또한 '비기존인(卑己尊人)'의 실현이라 할 수 있다.

손기리인(損己利人)

'손기리인(損己利人)', 곧 '자신은 손해를 보더라도 상대방은 이익이 되도록 한다.'는 말로, 예를 중시하는 중국어 예의관의 또 다른 모습이다. 언어 표현에서도 자신은 한껏 낮추되 상대방은 할 수 있는 한 높여 주는 것이다. '손기리인(損己利人)'은 곧 상대가 우위를 점하게 함으로써 결과적으로 상대에 대한 예의를 표시하는 것이다. 이와 관련된 몇 가지 실례를 소개하기로 한다.

我對詞匯學沒有研究, 我只是談談有些粗淺的看法。

저는 어휘학에 대한 연구가 빈약합니다. 비록 저의 좁은 소견이나마 말씀 드리겠습니다.

我是胡說八道的, 您別多慮。

제가 공연한 말씀을 드린 것이니 제 말에 괘념치 말아 주십시요.

我是門外汉, 瞎說一气, 仅供參考。

저는 문외한입니다. 그저 해 본 소리이니 필요하시다면 참고하시기 바랍니다.

以上是我的一些很不成熟的看法, 希望大家批評指正。

이상은 저의 아주 미숙한 생각을 말씀드린 것입니다. 전문가인 여러분께서 비평하고 지적해 주시기 바랍니다.

이상은 공식 석상이나 대인 커뮤니케이션에서 중국인들이 즐겨 사용하는 표현들이다. 어느 한 분야에 연구가 깊어 독창적인 견해를 가졌다 할지라도 이를 남들에게 발표할 때는 이처럼 자신의 자세를 한껏 낮추어 말하는 것이다. 중국인들이 곧잘 쓰는 '一孔之見'이나 '狗尾續貂'와 같은 고사성어(故事成語)도 이와 맥을 같이한다.

이 같은 중국인들의 예의·예절관은 유교문화의 전통에 그 기반을 둔다. 유가(儒家)에서 말하는 '溫良恭儉讓'는 곧 온화, 선량, 공손, 검소, 양보라는 덕목에 그 기반을 둔다. 『논어(論語)』 「學而」 편에서도, "선생께서는 따뜻하고 화목하고 착하고 삼가서 공손히 섬기며, 검소하고 겸허한 덕망을 겸비함으로써 나라의 일을 들으신 것입니다. 따라서 다른 사람이 지위를 욕심내어 벼슬을 스스로 원한 것과는 틀립니다."라고 하였다. 『예기(禮記)』 「경해(經解)」 편에서도, "그 사람됨이 온유하고 돈후한 것은 시(詩)의 가르침이다."라고 하였다.

'동방예의지국'이라 일컫는 한국에서도 예의를 중요시하기는 중국에 못지않다. 그렇지만 이처럼 과분할 정도로 자신을 낮추어 표현하지는 않는다. 여기서 간과하지 말아야 할 것은, 이 같은 간절한 표현법은 중국인의 전통적인 예의관의 발현일 뿐이지 실제 상황 자체를 그대로 표현하려는 것은 아니라는 사실이다.

4장
한·중
양 국어 비교의 실제

성조(聲調)에서

말소리의 운율적 자질에 의한 변별적 기능을 흔히 '성조(Tone)'라 한다. 이 성조의 기능 여부에 따라 한국어와 중국어의 특성이 여실히 드러난다. 전 세계 언어 중 중국어는 대표적인 **성조어**(Tone-language)에 속한다. 이에 반해 한국어는 부분적인 음장(音長)을 제외하고는 운율소(韻律素)가 그리 큰 변별 기능을 하지 못한다. 한국어도 지난 어느 시기까지는 고조(高調)나 저조(低調), 또는 상승조(上昇調)를 포함하는 성조어였다. 그러나 현재는 그것들이 거의 소멸해 가는 과정에 있어 일부 방언에서나 그 흔적을 남긴다. 말하자면 특정 음소를 길게 발음하는 장음의 운소(韻素)만이 그것도 일부 단어에 제한적으로 남아 있을 뿐이다.

소리의 운율적 자질을 최근에는 '**악센트**(Accent)'라 일컫는다. 이 용어는 그 용법이 그리 엄격하게 제한되어 있지는 않다. '경상도 악센트'라 할 때처럼 어느 방언의 특색을 가리키기도 하고, '영어의 악센트'라고 할 때처럼 음의 강약(强弱)을 가리키기도 한다. 악센트 이외에 길이를 결정하는 요소인 음의 장단(長短), 곧 **음장**(音長)이 있다. 자음에도 장단이 있을 수 있으나 운율적 자질로서의 음장을 말할 때는 대개 모음의 길이를 가리키는 것이 일반적이다.

한국어 '눈'을 짧게 '눈[nun]'으로 발음하면 안면의 눈[眼]을 가리키고, 길게 '눈: [nu:n]'으로 발음하면 하늘에서 내리는 눈[雪]을 가리키게 된다. 이 경우 음장(音長)은 결국 모음 'ㅜ'의 길이로 있다. 장모음(長母音)은 보통 점 두 개(:)를 찍어 'u:, a:, i:' 등과 같이 표시한다. 다만 중간 단계를 설정하여 세분될 때는 'u', a', I'' 등과 같이 점 하나를 찍어 표시할 수도 있다.

'눈(眼과 雪)' 이외에도 '밤(夜와 栗[밤:])', '말(言[말:]과 馬)', '배(梨나 舟, 또는 倍[배:])', '손(手나 孫[손:], 또는 損)', '줄(列과 絲[줄:])', '사신(使臣과 私信[사:신])' 등의 몇몇 예를 더 들 수 있다.

한국어 말소리의 음장은 제1음절에서만 변별적이라는 제약이 있다. 예컨대 '거짓말'이나 '싸락눈'에서처럼 '말'이나 '눈'이 제1음절에 놓이지 않을 때는 본래 가지고 있던 장음의 성질을 잃고 만다. '군밤', '4배(倍)'라고 할 때의 '밤'이나 '배(倍)'도 마찬가지이다. 그런데 최근에는 젊은 세대로 내려갈수록 제1음절에서도 음장의 변별력이 약해져 가고 있다.

말소리의 높낮이를 **고저**(高低) **악센트**라고도 한다. 어느 말이나 음의 고저가 없을 수는 없지만 그 말에 작용하는 중요도는 언어마다 각기 다르다. 한국어 안에서도 함경도나 경상도의 방언에서는 '손[手]'과 '손[客]'처럼 단어의 뜻이 달라질 정도로 그 역할이 크지만 서울말 등에서는 그렇지 않는 것이 그 한 예이다.

'손(手, 客, 孫, 損)'의 경우 이외에도 고조와 저조에 의해 어의(語意)가 분화되는 말이 있다. 곧 '우리[籬]'와 '우리(1인칭 복수)', '울리다(사역형)'와 '울리다(피동형)' 같은 말이 그런 예이다. 위의 예에서 앞에 든 예(손님의 '客', 울타리의 '籬', 울게 하다의 '울리다')가 고조이며, 뒤의 예가 저조이거나 음장에 속한다. 대체로 성조가 있는 방언에는 음장이 없고, 음장이 있는 방언에는 성조가 없다. 모음에서와 마찬가지로 방언마다 운소 체계(韻素體系)

가 다르기 때문이다.

한 음절에 놓이는 소리의 높낮이를 고저 악센트라 한다면, 어떤 소리의 높낮이가 문장 전체에 놓이면 이를 **억양**(抑揚, Intonation)이라 한다. 억양은 문장 끝에도 나타난다. 가령 "영철이가 왔어요."라는 문장을 의문문으로 말할 때와 서술문으로 말할 때의 문장 끝의 소리가 상승(上昇)과 하강(下降)으로 구별되는데, 그것이 바로 문장 끝 억양인 것이다.

고저 악센트 이외에도 **강약**(强弱) **악센트**라는 게 있다. 음파(音波)의 진폭(振幅)이 크면 그만큼 소리가 강하게 나고 작으면 그만큼 약하게 난다. 이 소리의 강약이 모음에 놓이면 그것을 강약 악센트라 한다. 한국어에도 음(音)의 강약이 놓이기는 하나 그 작용이 그리 크지 않아 그것으로써 단어의 뜻이 달라지는 일은 없다. 영어와 같은 서구어와는 달리 음의 강약에 대한 한국인들의 분별력은 그리 크지 않은 것이다.

앞서 중국어에서 하나의 음절은 성모, 운모 외에도 성조로 구성된다고 하였다. 성조는 음절 발음의 높낮이, 길이, 세기 등의 변화를 나타낸다. 음절을 구성하는 성모와 운모가 모두 같다 하더라도 성조가 다르다면 그 의미도 달라지는 것이다. 다음의 예를 보도록 하자.

shíshī	shíshì	shǐshī	shìshí	shìshì
實施	時事	史詩	事實	逝世

위의 단어들은 성모와 운모는 전혀 다름이 없지만 성조에 차이가 나기 때문에 표현하는 뜻이 달라진다. 곧 '實施'는 어떤 일을 시행한다는 뜻으로, '時事'는 현재 사회에서 벌어지는 일을, '史詩'는 시(詩) 가운데 서사시(敍事詩)를, '事實'은 실지 있는 그대로를, '逝世'는 사람의 죽음을 뜻하는 말이다.

형태 면에서

형태상으로 한국어는 '첨가어'에 속한다고 했다. 그런 만큼 한국어처럼 어형 변화가 활발한 언어도 드물 듯하다. 첨가어는 어휘 요소(형태소)에 각종 조사나 어미와 같은 문법 요소(형태소)가 연결되어 문법적 기능을 수행한다. 따라서 한국어 어휘는 조어력(단어 형성 능력)이 매우 우수하다. 각종 단어의 생산력이 뛰어날 뿐만 아니라 다양한 존대법이나 각종 접사의 발달은 자연 어형 변화의 복잡성을 가중시킨다. 한국어의 **형태 변화**에서 두드러지는 현상 몇 가지만 소개하기로 한다.

① 인칭대명사 '나'와 '저', '너' 등에 주격과 속격(관형격) 조사가 연결되면 각각 '내, 제, 네'로 형태가 바뀐다.

② 양수사(量數詞) 중 일부는 단위명사 앞에서 그 형태를 바꾸는 예가 있다. 이를테면 하나 → 한-, 둘 → 두-, 셋 → 석·서-, 넷 → 너·넉- 등이 그런 예이다.

③ 일부 단어 중에 활용 시 어간 변화가 불규칙적인 것이 있다. 불규칙 용언도 그 활용법에 따라 다음과 같은 분류가 가능하다.

- 어간 말음이 탈락되는 것

울다 → 우니   잇다 → 이으니   뜨다 → 떠   푸다 → 퍼

- 어간 말음이 다른 소리로 바뀌는 것

걷다 → 걸으니   돕다 → 도우니

- 어간 말음이 탈락하고 바뀌는 것

이르다 → 일러   마르다 → 말라

- 어미가 불규칙한 것

하다 → 하+아>하여   이르다 → 이르+어>이르러

가다 → 가+아라>가거라   오다 → 오+아라>오너라

위의 '가거라, 오너라' 등의 활용형은 '가라, 와라'로 활용되는 경향이 뚜렷하다.

④ 동사 · 형용사 뒤에 과거는 '-었/았-', 현재는 '-(으)ㄴ / 는-', 미래는 '-겠-'을 붙여 과거 · 현재 · 미래의 시제(時制)를 나타낸다.

중국어는 한국어와 달리 형태 변화가 극히 제한되어 보편적이지는 않다. 다만, 일부 단어에 한하여 어떤 상황 하에서도 일정한 변화를 보이는 예외도 있다. 이런 변화는 같은 부류의 단어에 똑같이 적용되는 것은 아니며, 어떤 상황에서도 동일하게 적용되는 것도 아니다. 다음 몇 가지 경우를 예로 들어 보이기로 한다.

① '商量商量'이란 예에서처럼 2음절 동사의 중첩은 일반적으로 ABAB 형식을 취하고 있다. 2음절 형용사의 중첩 방식은 '干干淨淨, 舒舒服服'에서 보듯 AABB 형식이다. 다만 '雪白雪白, 通紅通紅'의 예에서처럼 일부 형용사도 ABAB의 중첩 형식을 취할 수도 있다. 하지만 2음절 동사와 2음절 형용사가 모두 ABAB와 AABB의 중첩 형식을 취할 수는 없다. 이를테면 동

사 ‘担心’, ‘喜愛’와 같은 말은 ‘担心担心’, ‘喜愛喜愛’ 식으로 중첩 형식을
취할 수 없으며, 형용사 ‘美麗’, ‘聰明’의 경우도 ‘美美麗麗’, ‘聰聰明明’ 식
으로 쓰일 수는 없는 것이다.

② ‘們’은 복수를 나타낼 때 쓰이지만 보편성은 결여되어 있다. 예를 들어,
“他們是工人。”이란 문장에서 ‘他們’은 복수를 나타내지만 그렇다고 “他們
是工人們。”이라고는 쓰지 않는다.

③ 중국어의 동사는 인칭·성(性)·수량·시제 등의 변화에 따라 어형은 변
하지 않는다. 예컨대 “我是學生, 你是學生, 我們是學生, 他們是學生…”의
문장에서 주어가 1인칭·2인칭·3인칭으로 달라지거나, 단수나 복수가
되든지 간에 판단 조동사 ‘是’는 한결같이 본래의 형태를 유지한다.

④ 중국어의 동사, 대명사 등은 문장에서 어순 변화에 따른 어떤 형태 변화
도 수반하지 않는다. 예컨대 “研究語言”이나 “研究正在進行”, “注重研究”,
“研究的方向”이란 말에서 ‘研究’란 단어가 주어나 술어, 또는 목적어나 한
정어의 위치에 놓이더라도 어떤 어형 변화도 일어나지 않는다.

또한 “我吃飯。”이나 “我朋友”란 문장에서 ‘我’가 주격으로 쓰이든 소유격
으로 쓰이든 매한가지로, 어형에는 아무런 변화가 없다. 만약 한국어라고
가정하면 ‘我吃飯。’에서의 ‘我’는 ‘나/난’으로 표기되고, ‘我朋友’에서의 ‘我’
는 ‘나의/내’로 그 어형이 달라졌을 것이다.

어휘 면에서

　영어 'Caution'에 해당하는 단어를 한국어로는 '조심'이라 하고, 중국어로는 '小心'이라 한다. '조심(操心)'이란 말은 한자의 뜻 그대로 마음을 단단히 '붙잡는다'는 뜻이고, 소심(小心)은 그저 마음을 '작게 한다'는 뜻이다. 이 두 가지 표현은 각기 다른 인식의 차이에서 비롯된 것으로, 어떤 말이 Caution에 더 맞는 것인지는 잘 모르겠다. 이와 유사한 또 다른 예를 들어 보인다.

　타는 사람이 자신의 힘으로 바퀴를 돌리는 차를 한국에서는 '자전거[自轉車]'라 하고, 중국에서는 '自行車'라 한다. '轉'은 '굴린다, 돌린다'는 뜻이요, '行'은 그저 '간다'는 뜻이다. '전(轉)'이나 '행(行)'은 둘 다 비슷한 의미이긴 하나 엄밀히 보면 다소의 차이가 느껴진다. 여기서 어떤 말이 더 정확한 표현인지를 따지는 건 부질없는 일이다. 굳이 '자의성(恣意性)'이라는 언어의 본질까지 들추지 않더라도, 그런 말이 생성하게 된 데는 각기 다른 언어문화적 소산이라 여겨진다.

　한국 한자어 중에 중국어에 기원을 두고 있는 예가 많겠지만 개중에는 독자적으로 생성된 예 또한 적지 않다. 그런가 하면 생성 과정은 달랐지만 거의 같은 뜻으로 쓰이는 단어도 있고, 반대로 출발은 같았으나 뜻이 달라진 단어들도 있다. 이 밖에도 '어휘 공란'이라고 할까, 마땅히 대응시킬 만한 단어가 없는 경우도 있다. 이런 몇 경우를 상정하여 상호 대비(對比)시켜 보도록 한다.

1. 한국 한자어

한·중·일 동양 3국인은 한자를 공유한다. 그런 이유로 3국인 중 웬만한 식자(識者)라면 한자로 표기한 용어를 보면 대충은 그 의미를 파악할 수 있다. 한자가 표의문자, 곧 뜻글자이기에 가능한 일이다. 중국이 많은 한자어의 기원지임으로 한·중 간 필담(筆談)으로도 어느 정도의 의사소통도 가능하다. 한자문명권이 누리는 혜택이라 아니할 수 없다.

다만, 이러한 예상이나 기대는 어떤 경우에도 통용되는 것은 아니다. 개개 한자의 뜻은 알고 있다 하더라도 그것들이 모여 만들어 내는 어휘 영역에 이르면 반드시 그렇지만은 않다. 한자어의 어휘 선택이라 할까, 3국은 각기 다른 어휘 체계를 갖추고 있음을 간과해서는 안 된다. 어휘 부문에서도 동양 3국이 공유하는 공통점도 있다. 그러나 때로 중국에서만 쓰이는 한자어, 한국에서만 쓰이는 한자어, 일본에서만 쓰이는 고유 한자어가 있다. 어떤 한자어를 원산지 중국으로부터 차용해 왔더라도 한국이나 일본에서는 그 용법이나 의미에 있어 제각기 다른 변화를 거쳤기 때문이다.

한 예로 '전세(專貰)'나 서류 전형(書類銓衡)의 '특별 전형(特別銓衡)'이나 '일반 전형(一般銓衡)'이라고 할 때의 '貰', '銓'의 의미를 중국인들은 알지 못한다. 일상에서는 거의 사용되지 않는 글자이기 때문에 이를 어떻게 읽으며, 무슨 의미를 나타내는지 잘 모른다. 대학입시와 관련하여 한국에서 흔히 말하는, '정시모집'이나 '수시모집'과 같은 용어도 마찬가지다. 중국에서의 학생 모집은 매년 7, 8월에 단 한 번 치르게 되어 있고, 수시모집은 아직까지는 법적으로 허용되지 않는다. '모집(募集)'이란 용어 자체도 그 용법에 문제가 있다. 한국어에서는 '학생 모집'이나 '사원 모집'과 같이 보편적으로 많이 쓰인다. 하지만 중국어에서는 재물을 모으거나 병사를 모집하는 데 한정되어 쓰인다. 대신 학생이나 사원을 모집할 때는 모집보다는 '초생(招生)', '초빙(招聘)'이란 말을 사용한다. 한 언어권의 사회적인 제도나 체제, 기구가 다르면 자연히 그것을 칭하는 용어도 달라지게 된다. 이런 현상을 대학생활과 관련된 어휘를 중심으로 예를 보려 한다.

한 국 어	한 자 어	중 국 어
입학금	入學金	?
편입	編入	?
하숙	下宿	?
전세	傳貰	?
강의 전담	講義專擔	?
시무식	始務式	?
사은회	謝恩會	?
연말정산	年末精算	?
신년하례식	新年賀禮式	?
서류 전형	書類銓衡	?
쫑파티		?
오리엔테이션 (Orientation)		?

위의 예는 한국의 대학에서 주로 사용되는 용어들이다. 한국에서는 입학금과 등록금을 나누어 수납하지만 중국에서는 입학금을 따로 받지는 않

는다. 따라서 '등록금(登錄金)', '입학금(入學金)'이라는 말을 따로 구분할 필요 없이 '학비(學費)'라는 하나의 단어로 통칭되며, '학비(學費)'의 정확한 의미도 한국과는 차이가 있다.

한국에서는 전문대학을 졸업하고 4년제 대학 3학년에 편입할 수 있는 기회가 주어진다. 그러나 중국에서는 이런 편입 제도가 극히 제한되어 있다. 그리고 편입과 비슷한 의미의 '전승본(專升本)'이 한국어처럼 보편적으로 쓰이지 않고 실제의 의미도 차이가 있다. 대학교수의 직급이나 그 호칭에 대해서도 한 · 중 간 어느 정도의 차이가 있다.

전임강사, 조교수, 부교수, 교수로 차등지어지는 한국과는 달리 중국에서는 '조교(助敎)', '강사(講師)', '부교수(副敎授)', '교수(敎授)' 등으로 그 직급을 구분한다. 또한 한국 대학에서는 시간강사, 겸임교수를 두기도 하지만 중국에서는 거의 모든 교수가 전임교수이기에 구태여 '전임'이란 용어를 붙일 필요가 없다. 어쩌다 겸임교수를 두는 대학도 있지만 이럴 경우는 '겸임'이라 하지 않고 '사회겸직(社會兼職)' 혹은 '겸직교사(兼職敎師)'라는 용어를 쓴다.

캠퍼스 내의 행사명에 대해서도 한 · 중 대학 간 차이가 있다. 한국 대학에서 연례행사로 되어 있는 '시무식', '사은회', '종강 파티', '개강 파티', '연말정산', '신년하례식' 등에 대해서 중국 대학생들은 전혀 생소하게 느낀다. 사회제도나 체계 내지는 교육제도나 체계가 서로 다르기 때문이다.

2. 중국 한자어

한국어에서만 쓰이는 한자어를 '한국식 한자어' 또는 '한국어 전용 한자

어'라 한다면, 중국에서만 쓰이는 한자어를 '중국어 전용 한자어'라 부를
수 있다. 다만, 한자는 본래 중국 고유문자이므로 중국어는 당연히 한자어
가 되어야 한다. 따라서 '한자어'라는 말 대신 **중국어 전용 어휘**라 칭함이
옳을 듯하다.

아래 표에서 중국어 전용 어휘의 예를 보이기로 한다. 이들은 모두 중국
특유의 정치·사회문화의 체제 하에 생성되었기에 그것이 다른 한국인들
은 이해하기 어려운 어휘들이다.

중국어	한국어
紅小兵	?
紅卫兵	?
紅頭文件	?
馬列主义教研室	?
辅導员	?
辅導员助理	?
系主任助理	?
校團委	?
专四	?
点招	?
批次录取	?
独立學院	?
二本A线	?
二本B线	?
985工程	?
211工程	?
十二五规划	?
双百方针	?
二爲方针	?

앞에 든 예는 중국의 특수한 정치·사회·교육 체제 하에서 생성된 어휘들이다. 이와는 무관할 듯한 출판(出版) 관계 용어에서도 한국의 그것과 비교될 수 있다. 양국의 출판사는 그 성격부터가 다르다. 한국의 출판사는 주로 개인 기업체인 반면, 중국의 그것은 국영이거나 아니면 어떤 연구소에 딸린 부속기관으로 되어 있다.

출판사에 소속된 직원의 직함도 '초급편집(初級編輯)', '편집(編輯)', '부편심(副編審)', '편심(編審)' 등으로 직급에 따라 호칭된다. 여기서 '초급편집(初級編輯)'이라 함은 한국 대학의 전임강사 격인 '조교'에 해당한다. 그 위의 '편집(編輯)'은 조교수에 해당하는 '강사', '부편심(副編審)'은 '부교수', '편심(編審)'은 '교수'로 직급이 이동하는 것을 정부에서 인정해 준다. 하지만 한국 출판사는 국가에서 인정하는 그러한 직급이 없으며, 또 직급의 호환에 대해서는 더욱 이해하기 어렵다.

3. 동일한 어휘의 의미 변질

한국과 중국에서 공히 쓰이는 어휘 중 일부는 의미의 변질을 초래한 것들이다. 이는 물론 언어가 사회나 지역에 따른 시대상이나 사회 현실을 반영한 탓이다. 출전이 같은 어휘가 비록 같은 어형을 유지한다 하더라도 그 의미는 이미 변질되어 있음을 볼 수 있다. 동일어의 의미 변질은 단순한 일상 용어로부터 전문적인 추상어, 또는 넉 자로 된 고사성어(故事成語)나 관용구(慣用句), 나아가 단문 형식의 격언이나 속담에 이르기까지도 두루 미친다. 이와 관련된 한두 예를 들어 보인다.

고사성어	한 국 어	중 국 어
망양보뢰 (亡羊補牢)	'양을 잃고 우리를 고친다.'는 뜻으로, 이미 어떤 일을 실패한 뒤에는 뉘우쳐도 아무 소용이 없음을 이르는 말	『戰國策楚策四』의 "양을 잃고 외양간을 고치는 것은 늦지 않다."에서 나온 말로서 '어떠한 손해를 본 후에 대책을 강구함으로써 앞으로 또다시 피해를 보지 않도록 하는 것'을 비유하여 이르는 말
횡초지공 (橫草之功)	'풀을 가로로 쓰러뜨리며 세운 공로'라는 뜻으로, 싸움터에 나가서 크게 세운 공을 비유적으로 이르는 말	'풀을 짓밟아 넘어뜨린 그러한 공로'라는 뜻으로, 업적이 아주 작음을 비유한다.
칠전팔도 (七顚八倒)	'일곱 번 구르고 여덟 번 거꾸러진다.'는 뜻으로, 수없이 실패를 거듭하거나 매우 심하게 고생함을 이르는 말	뒤섞여 혼잡하다, 정신 상태가 엉망임을 비유한다.
일상용어	**한 국 어**	**중 국 어**
조교 (助敎)	대학의 교수 밑에서 연구와 사무를 돕는 직위, 또는 그 직위에 있는 사람	대학교에서 직급이 제일 낮은 교수
강사 (講師)	학교나 학원 따위에서 위촉을 받아 강의를 하는 사람. 시간강사와 전임강사가 있다.	대학교에서 직급이 부교수보다 한 급 낮은 교수
출판사 (出版社)	서적이나 회화 따위를 인쇄하여 세상에 내놓는 사업을 하는 회사	서적이나 회화 따위를 인쇄하여 세상에 내놓는 일을 하는 국영 사업기관
출판사 사장 (出版社社長)	출판사 업무의 최고 집행자로서 출판사 대표의 권한을 지닌다.	출판사 업무의 최고 집행자로서 출판사 대표의 권한을 지닌다.

상기 예에서 '망양보뢰(亡羊補牢), 횡초지공(橫草之功), 칠전팔도(七顚八

倒), 조교(助敎), 강사(講師), 출판사(出版社)' 등은 중국어나 한국어에서 같거나 비슷한 어형으로 사용되지만 그 의미만은 다소 차이가 있다. 이를테면 '出版社社長'의 경우라면 전적으로 동일하다고 할 수 있다. 그러나 엄밀히 말하여 사장의 사회적·신분적 위상이나 지위, 역할 등에서는 많은 차이가 있음을 알아야 한다.

4. 동일한 의미의 어형 변질

한·중 간 동일한 어형이 의미를 달리하는 예도 있지만, 반대로 동일하거나 유사한 의미를 두고 그 어형을 달리하는 예들도 있다. 이는 고사성어나 관용구에서 특히 많이 볼 수 있다. 몇 예를 들어 보인다.

고 사 성 어	
한 국 어	중 국 어
인사불성(人事不省)	不省人事
어부지리(漁夫之利) 어부지리(漁父之利) 어옹지리(漁翁之利)	漁人之利 漁翁得利
사생관두(死生關頭)	生死关头
오합지졸(烏合之卒) 와합지졸(瓦合之卒)	乌合之众
금의환향(錦衣還鄕)	衣锦还乡
대대손손(代代孫孫)	世世代代
전대미문(前代未聞)	前所未闻
위기일발(危機一髮) 위여일발(危如一髮)	千钧一发 一发千钧

고 사 성 어	
한 국 어	중 국 어
전무후무(前無後無)	空前绝后 前无古人, 后无來者
불요불굴(不撓不屈)	不屈不挠
무미건조(無味乾燥)	枯燥无味

상기 예 중에서 '인사불성'이나 '어부지리, 생사관두, 오합지졸' 등의 고
사성어는 표현 형식 면에서 중국과 한국이 서로 같을 수도 있고, 때로 그
렇지 않을 수도 있다. 또한 '금의환향, 대대손손, 전대미문, 위기일발, 전무
후무, 불요불굴, 무미건조'와 같은 숙어는 형식 면에서는 비슷하지만 의미
상으로는 뉘앙스의 차이가 있다.

5. 한자어 의미의 세분화 정도

중국의 한자어는 한국어 고유어와는 비교도 안 될 만큼 의미상 세분화
되어 있다. 개개의 한자가 가진 의미는 섬세하면서도 정확하게 그 상황을
표현한다. 한국 고유어 '울다'라는 동사를 예로 들어 본다. "새가 운다.",
"종이 운다.", "옷이 운다.", "주먹이 운다." 등의 예처럼 한국에서는 '울다'
라는 하나의 서술어로 동시에 여러 의미를 나타낸다. 슬퍼서 우는 것 말고
도 물체의 진동에도, 외형이 제대로 맞지 않을 때도 그저 '운다'는 단어 하
나로 일관한다.

그러나 한자로는 '嚎, 鳴, 啼, 噪, 吟, 吠, 嘶, 鳴, 嘴, 叫, 哭, 吼' 등으로 그

상황에 꼭 맞는, 그야말로 정확한 글자를 골라 쓰게 된다. 이를테면 울음이나 눈물을 표현하는 데도 '泣, 涕, 淚' 등 그 정황에 따라 적절한 한자를 동원하는 것이다. 색채의 표현에서도 이와 다르지 않다. 한자 '朱, 紅, 赤'의 각기 다른 색채를 한국어로는 '붉다'나 '빨갛다'라는 한두 단어로 표시하고, '靑·碧·綠·藍' 등의 서로 다른 색의 한자를 한국어로는 그저 '푸르다'나 '파랗다'라고만 말한다.

의미의 세분화와는 별도로 어형의 세분화, 즉 형태 변화 면에서는 중국어가 한국어를 따라올 수가 없다. 한국어의 어형 변화는 시늉말(의성어나 의태어)이나 상징어와 같은 감각적 표현에서 단연 두드러진다. 중국어에서 '돌다'는 뜻을 가진 부사로는 '團團, 滴留留' 정도의 한두 예가 고작이다. 그러나 한국어라면 이와는 전혀 사정이 다르다. '빙빙>뺑뺑>핑핑'에서 비롯되어 '빙그르, 빙그르르, 뺑, 뺑뺑, 뺑그르르, 핑, 핑그르르, 뱅, 뱅뱅, 뱅그르르, 빵, 빵빵, 빵그르르, 팽, 팽팽, 팽그르르, 빙글빙글, 뺑글뺑글, 핑글핑글, 뱅글뱅글, 빵글빵글, 팽글팽글'에 이를 정도로 그 표현은 헤아릴 수 없을 정도이다.

'돈다'는 동사만은 아니다. 맛(味)을 나타내는 미각어나 빛(光/色)을 나타내는 색채어 명사에서도 이런 현상은 그대로 적용된다. '달다(甘)'의 경우, '달디달다, 달콤하다, 달큼하다, 달콤새콤하다, 달짝지근하다, ….'로 그 표현은 그야말로 무궁무진이다. 색채어에서 '노랗다'에 해당하는 중국어 어휘는 '黃, 淡黃' 정도가 고작일 터이다. 한국어의 경우를 보도록 하자. '노랗다, 누렇다, 샛노랗다, 싯누렇다, 노르께하다, 노르끄레하다, 노르무레하다, 노르스름하다, 누르스름하다, 노릇노릇하다, 누릇누릇하다, …' 따위와 같이 세분화되어 있음은 앞서 한국어의 감각성에서 살핀 바 있다.

6. 어휘의 파생적 의미 차이

한 · 중 양 국어의 어휘 비교에서 한 어휘가 본래의 의미는 같다고 해도 그 파생적 의미가 달라진 예를 찾아볼 수 있다. 본 의미에 대해 파생 의미 가 달라진 예를 들어 보인다.

실례 (가)

이(李) 총리는 이날 오후 삼청동 총리 공관에서 열린 당 · 정 · 청 회의에 앞서 참석자들과 환담하는 자리에서 "정상 회담 분위기가 매우 좋았다면서 <u>양국 정상이 솔직하게 대화를 나누었다고</u> 하더라."고 전하고, "한반도에서 전쟁이 일어나서는 안 된다는 대통령의 의지가 매우 확고하다."고 말했다.

<u>兩國首腦非常坦率地交換了意見。</u>(×)

실례 (나)

아들은 <u>머리가 컸다고</u> 의논도 하지 않고 모든 일을 혼자 결정하려고 한다.

<u>儿子頭都大了</u>, 所以什么事情都想自己做决定, 不想跟父母商量。(×)

실례 (가)의 "양국 정상이 솔직하게 대화를 나누었다."에서 '솔직하다'의 사전적 의미는 "거짓이나 숨김이 없이 바르고 곧다."로 되어 있다. 번역문 의 "兩國首腦非常坦率地交換了意見。"에서 '坦率'의 본 의미는 한국어의 '솔직하다'에 해당된다. 단어의 기본 의미로 보아 '非常坦率地交換了意見.' 을 '솔직하게 의견을 나누었다.'로 이해할 수도 있을 것이다. 그러나 중국 의 정치외교 분야에서 '非常坦率地交換了意見.'이라는 표현은 보편적으로 '아주 치열하게 논쟁하였다.'는 의미로 쓰임을 알아야 한다.

실례 (나)에서 '머리가 크다.'라는 말은 중국어 '頭大'와 표면상 같은 의미로 보인다. 그러나 파생적 의미로 보면 양 국어 사이에는 차이가 있다. 한국어에서 이 말은 관용구로서 '어른처럼 생각하거나 판단하게 된다.'는 뜻으로 쓰인다. 반면, 중국어에서 '頭大'는 '頭都大了'의 예와 같이 어떤 일로 어려운 처지에 놓였거나 심한 스트레스를 받았을 때 통상 쓰는 말이다.

중국어와 한국어의 이 같은 파생적 의미 차이는 관용구와 같은 화용론적 표현만이 아니라 일반적 용어 차원에서도 발견된다. 한 예로 신체 부위 중 '목'과 관련된 어휘를 들어 보이기로 한다.

구 분		목	脖 子
기본 의미		척추동물의 머리와 몸통을 잇는 잘록한 부분 목을 조르다.	머리와 몸체를 이어 놓은 부분 卡脖子(○)
파 생 의 미	1	목구멍	脖子洞(×) − 喉咙(○)
	2	어떤 물건에서 동물의 목과 비슷한 부분 목이 긴 장화	무슨 물건에서 목과 비슷한 부분 脖子長的靴子(×) − 長统靴(○)
	3	통로 가운데 다른 곳으로는 빠져 나갈 수 없는 중요하고 좁은 곳 길목 골목	 路脖子(×) − 路口(○) 胡同脖子(×) − 胡同(○)
상한선		목을 자르다. 목이 날아가다. 목을 매달다.	砍脖子(×) − 砍頭(○) 掉脖子(×) − 掉腦袋(○) 绞脖子(×) − 绞首(○)
목 내부 구분		목 안 목청 목젖	脖子里边(×) − 喉咙, 咽喉(○) 脖子声音(×) − 嗓子(○) 脖子舌(×) − 小舌(○)

구 분	목	脖 子
활 용	목이 쉬다. 목 놓아 울다. 목이 마르다. 감기에 걸렸는지 저녁나절 내내 목이 뜨끔뜨끔 아팠다.	脖子哑了(×)--嗓子哑了(○) 放开脖子大哭(×)--放声大哭(○) 脖子干(×)--口干(○) 好像是得了感冒, 一晚上咽喉阵 痛。(○)

한 · 중 양국 어휘 중 일부는 상기 예에서 보듯 해당되는 의미를 찾을 수 없는 예가 있다. 이처럼 파생적 의미 차이로 양 국어의 대응 관계 찾기에 혼선을 빚을 수도 있다. 따라서 단순히 한국어의 '목'은 중국어의 '脖子'에 해당된다고 단정해서는 안 된다. 기본 의미 말고도 그것의 파생적 의미에도 주목해야 하는 이유인 것이다.

7. 외국어의 수용 태도

한국이나 일본은 외국어 내지는 외래어 수용에 상대적으로 관대하고, 중국은 상대적으로 보수적인 것으로 알려져 있다. 중국의 이 같은 상대 보수적 성향은 중국인의 기본적인 사유(思惟)에서 찾아볼 수 있다. 여기서 '사유'라 함은 외국어를 대하는 태도, 곧 자국어에 대한 애착이나 자부심, 또는 인식 등을 일컫는다. 외래어 수용에 대한 중국인의 사유는 주체성 사유와 객체성 사유로 나누어 설명할 수 있다.

사유에 있어 객체성이라 함은 외국어를 있는 그대로 받아들이는 태도이다. 반면, 주체성은 그것을 자국어의 특성에 맞게 변형시키는 태도이다. 외국어를 받아들이는 과정에서 주관적인 의미를 부여하는, 말하자면 '외국어의 중국어화'라 할 수 있다. 외국어의 주체적 수용은 중국인의 자국어에 대한 강한 자부심, 곧 언어에서의 중화사상의 발로라고도 할 수 있다.

중국어의 주체성은 특히 외국어 고유명사의 발음 면에서 두드러지게 실현된다. 중국어는 한국어에 비해 상대적으로 외국어의 본래 음〔原音〕을 그대로 발음해 주는 경우가 적다. 대신 원음과는 다소 거리가 있더라도 이왕이면 나름대로의 의미를 부여한 차자(借字)를 만들어 쓴다. 예컨대 다국적 음료인 'Coca Cola'를 한국에서는 원음 그대로 '코카콜라'라 하고, 이를 중국에서는 '可口可樂'이라 한다. 고유 이름에 '입에 맞고 입이 즐겁다.'는 의미까지 부여한 또 하나의 중국어 이름이다. 그 결과 중국식으로 발음하기도 편하고 기억하기도 유리하다는, 그야말로 일석이조(一石二鳥)의 효과를 거두는 것이다.

한국인의 객체성 사유와 중국인의 주체성 사유의 차이를 최근 세계적으로 널리 사용되는 몇 영어 예에서 찾아보기로 한다.

영 어	한국어	중국어
television	텔레비전	電視
radio	라디오	收音机
camera	카메라	照相机
digital	디지털	數碼
printer	프린터	打印机
monitor	모니터	顯示器
scanner	스캐너	扫描仪
video	비디오	录像
game	게임	游戏
speaker	스피커	音响
hardware	하드웨어	硬件
virus	바이러스	病毒

앞의 예에서 보듯 외국어 수용에 있어 한국이나 일본은 원어(原語)나 원음(原音) 그대로를 받아들이는 데 대해, 중국은 비록 원음에는 벗어날지라도 나름의 의미가 부가된 주관적 용어를 재생시킨다. 좀 더 구체적으로 말하면, 한국 외래어는 순음역법(純音譯法)을 쓰는 데 반해, 중국의 그것은 의역법(意譯法) 내지는 반음역·반의역법(半音譯半意譯法)을 쓴다고 할 수 있다. 그런데 이런 의역에 가까운 음역법도 시간이 흐름에 따라 차츰 완전한 의역(意譯)으로 바뀌는 추세에 있다. 다음 예를 보도록 하자.

한 국 어	중 국 어	
	순음역법(純音譯法) 혹은 반음역(半音譯)·반의역법(半意譯法)	의역법(意譯法)
미니버스	中巴(中+bus)	小公共汽车
훌라후프	呼拉圈(hula+圈)	健身圈
미니스커트	迷你裙(mini+裙)	超短裙
크래커	克力架(cracker)	饼干
유에프오	幽浮(UFO)	飞碟
레이저	莱塞(laser)	激光

위의 예에서 보듯 '미니버스'는 중국 차용어로 '中巴(中+bus)'에서 '小公共汽车'로 변한다. 또한 '훌라후프'(Hula hoop)는 '呼拉圈'에서 '健身圈'로 변하고, '미니스커트'는 '迷你裙(mini+裙)'에서 '超短裙'으로 변한다. '크래커'는 '克力架(Cracker)'에서 '饼干'으로, '유에프오'는 '幽浮(UFO)'에서 '飞碟'로, '레이저'는 '莱塞(laser)'에서 '激光'으로 바뀌고 있음을 볼 수 있다. 초기 차용이 원음을 살리는 음역이었다면 이후의 그것은 음보다는 의미를 살린 의역이라 할 수 있다. 그 결과 초기에 생긴 차용어는 사용 비율이 현저히 떨어졌거나 거의 사용되지 않는다.

초기의 순음역에 의한 외래어들조차도 훗날 중국어로 새로운 뜻을 부여 받는다. 그 중 일부 번역 외래어는 본래의 의미와 비슷하나 대개는 초기의 의미와는 연관성이 없어지게 되었다. 이를테면 한국계의 대형 할인 마트 인 '이마트(E-mart)'는 '易買得'으로, '쉽게 사서 얻다.'란 뜻을 부여하였다. 이와 관련한 몇 예를 더 들어 본다.

음료수 '펩시콜라(Pepsi Cola)' → 百事可樂(만사가 즐겁다.)
영어능력시험 '토플(TOEFL)' → 托福(덕을 입다.)
타이어 상표 '굿이어(Good year)' → 固特珷(튼튼하고 특이하다.)
할인 매장 '까르푸Carrefour)'→ 家樂福(가족이 즐기는 행복)

"중국어가 외래어를 흡수함에 있어서 응집력과 변형력을 갖고 있음을 설명하며, 다른 한편으로 한족(漢族) 본토 문화의 흔들릴 수 없는 핵심 지 위를 나타내기도 한다." 이 말은 중국에서 외국어를 대하는 태도 및 수용 방법에 대하여 지적한 중국 학자(王鐵昆, 1993)의 말이다. 이 지적처럼 외 국어를 대하는 중국식 표현은 그 바탕에 주체성 사유가 깊이 뿌리내려 있 음을 알 수 있다.

문장 표현〔文法〕에서

1. 어순과 문장 구조

1) 어순(語順)

물가에 나가면 간혹 '이곳에서는 수영을 하지 말라'는 경고로 '수영 금지'라는 표지판을 볼 수 있다. 한국에서의 이 표지판은 중국에 오면 '금지유영(禁止遊泳)'으로 바뀐다. 여기서 '수영(水泳)'이나 '유영(遊泳)'은 같은 의미라 어떤 단어를 택하든 상관이 없다. 다만 '금지'란 말이 놓이는 위치가 각기 다름이 눈길을 끈다. 곧 한·중 언어 간 어순(語順)의 차이를 드러내는 것이다.

문맥상 '수영(유영)'은 목적어에 해당되고, '금지'는 서술어에 해당한다. 한국어의 '수영 금지'는 목적어 '수영'이 앞에 놓이고, 중국어의 '금지유영'에서는 그것이 뒤에 놓인다. 곧 한국어 문장 어순이 'SOV형'임에 반하여 중국어의 그것은 'SVO형'인 것이다.

한·중 양 국어의 실제적 어순 차이를 다음과 같은 대역(對譯) 예문을 통해 확인해 보도록 한다.

① 새가 노래한다.

小鳥唱歌。

①의 예는 S+V형, 곧 '주어+서술어(동사)'의 가장 기본적인 문형으로, 흔히 말하는 '제1형식의 문장'이다. 이런 기본형 문장은 영어뿐 아니라 한·중 언어 간에도 어순(語順)상 아무런 차이점이 없다. 그러나 목적어(目的語)나 보어(補語)가 들어가는 다음 예문에서는 비로소 차이를 드러내게 된다.

② 철수는 그 책을 다 읽었다.

哲秀**讀了**那本書。

철수는 그 책을 친한 친구에게 주었다.

哲秀**把**那本书**給了**她的好朋友。

③ 홍길동은 대한민국 국민이다.

洪吉童**是**大韓民國公民。

닭은 포유동물이 아니다.

鷄**不是**哺乳動物。

인호는 중국 명문대학의 학생이 되었다.

仁浩**成爲**名牌大學的學生。

②와 ③ 예문의 경우, 한국어에서는 맨 뒤에 놓이는 서술어(읽다, 주다, -이다/아니다, 되다)가 중국어 대역에서는 한결같이 주어 다음에 놓이고 있음을 볼 수 있다. 예문 ②는 '주어+목적어+서술어(S+O+V)' 형식의 문장이다. 그 아래 문장도 같은 형식에 속하지만, 목적어 자리에 직접목적어(책)에 간접목적어(친구)란 성분이 추가되었다. 여기서는 앞서의 '수영 금지'와

'금지유영'에서처럼(OV형과 VO형) 어순이 바뀌었음을 보여 준다.

예문 ③은 한국어 문장에서 '주어+보어(補語)+서술어(S+C+V)' 형식의 문장이다. 보어가 들어가는 문장도 ②의 목적어의 경우처럼 같은 어순을 취한다. 이런 형식의 문장에서 쓰이는 서술어는 '-이다, -아니다, -되다' 등인데, '-이다'의 경우는 중국어의 '是'에 해당하고, 영어에서는 'Be동사'에 해당한다.

한편, 한국어는 SOV형 어순을 취하지만 예외적으로 자유스러운 어순을 취할 수도 있다. 한국어가 형태상 첨가어로서 문법 요소가 어휘 요소에 후행하기 때문이다. "나는 너를 사랑한다."는 예문을 아래와 같이 어순을 변경시켜도 의미 전달에는 하등 지장이 없다.

나는 사랑한다, 너를.
너를, 나는 사랑한다.
너를 사랑한다, 나는.
사랑한다, 나는 너를.
*사랑한다, 너를 나는.

위의 예문 중 마지막 문장은 다소 문제가 있기는 하나 어떻든 나머지 문장은 의미 전달에 별 문제가 없다. 한국어 문장이 이처럼 '자유 어순'이 가능한 데는 어휘 요소 뒤에 붙는 문법 요소의 역할 덕분이다. 고립어인 중국어 대역에서 "我愛你。"는 특정된 구어 화맥 하에서 "你, 我愛。"로 어순을 바꾸어 쓰일 수도 있다. 하지만, "你愛我。", "愛我你。", "愛你我。" 등과 같이 결코 제멋대로 어순을 바꿀 수는 없다. 이런 어순이라면 전달하려는 의미가 바뀌었거나 말이 통하지 않기 때문이다.

다만, 한국어에서 아무리 어순의 교체가 가능하다 할지라도 문법 단위의 순서가 제멋대로일 수는 없다. 즉 '어순도치(語順倒置)'와 같은 특별한 경우가 아니라면 서술어가 문장 끝에 와야 한다는 원칙은 지켜져야 한다.

위에서 말한 두 가지 형식의 차이는 주어 다음에 목적어나 서술어 중 어느 것이 먼저 오느냐에 달려 있다. 이처럼 문장의 특정 성분이 먼저 놓이고 나중 놓이는 순서는 해당 문장의 특성, 나아가 해당 언어의 고유 특성이라 할 수 있다. 따라서 어떤 형식의 문장이 더 정확하고 효과적인 표현이라고는 말할 수는 없다. 한·중 간 목적어와 서술어의 어순 차이에 대한 중국의 견해가 있어 여기 소개한다. (태평무, 2006)

중국어는 SVO형 언어이다. 동사 V가 목적어 O보다 먼저 나타나기에 동사의 정보 전달 시간이 목적어보다 빠르게 된다. 게다가 목적어의 어휘가 동일한 범주를 형성하기에 청자는 사전에 목적어의 범위를 확정할 수 있다. 때문에 행위 양태를 보면 주동성과 확정성이 강하며 망설이지 않고 여유 있는 자세를 취하게 된다. 반면 한국어는 SOV형 언어로, 목적어 O가 동사 V보다 먼저 나타나게 된다. 따라서 목적어의 정보 전달 시간이 동사보다 빠르게 되고, 순간적으로 행동의 방향을 찾지 못해 망설이거나 정서적으로 조급해하는 자세를 취하게 된다.

언어 구조와 인간의 정서가 어떠한 상관성을 갖고 있는가에 대해 학계에는 아직까지 이렇다 할 정설은 없다. 중국어에 국한시켜 보더라도 林同濟(「現代英語研究」, 1980)는 중국어의 '동사 우세(優勢)설'을 주장하기도 하고, 郭紹虞(「复旦學报」, 1978)는 '명사 중점설'을 주장하기도 한다. 어떻든 동사와 명사 중 어떤 품사가 우세를 차지하느냐에 따라서 SVO형 구조에 대한 해석도 달라질 수 있다. 이런 문제는 앞으로 언어문화적인 관점에서 접근해 나가야 할 필요가 있다.

2) 문장 구조

다음에 제시하는 예문은 어순에 관련된 것이 아니라 문장의 구성 형식을 설명하기 위해 보인 것이다.

① 나는 텐트를 치고, 정혜는 밥을 지었다.

　我搭帳篷, 鄭慧做飯。

　창호는 산으로 가고, 철수는 바닷가로 갔다.

　昌浩上了山, 哲秀去了海邊。

② 우리는 형이 오기를 기다리고 있다.

　我們在等哥哥回來。

　대학생들이 운동하는 모습이 참 보기 좋구나.

　大學生運動的樣子, 讓人看着挺舒服的。

　그들은 모두 허리가 끊어지도록 웃었다.

　他們都笑彎了腰。

문장은 보다 작은 문장을 구성 요소로 하여 끝없이 새롭게 생성되어 나가는데, 이렇게 작은 문장이 모여 큰 문장이 형성되는 방식은 크게 두 가지로 나누어진다. 그 하나가 예문 ①에서 보는 방식인 **접속**(接續)이고, 다른 하나가 예문 ②에서와 같은 **내포**(內包), 또는 **포유**(包有)라고 하는 방식이다.

'접속'은 두 문장이 대등한 자격으로 결합하는 것이요, '내포(포유)'는 한 문장이 다른 문장의 한 구성 요소가 되는, 다시 말하면 그 문장 성분의 하나로 파고드는 방식이다. 이를 '안음'과 '안김'으로 설명할 수도 있고, '대등절'과 '종속절'로 설명할 수도 있다. ①의 예문 '나는 텐트를 친다(치고,)'가 '정혜가 밥을 지었다.'의 한 부분으로, 즉 그 문장의 어떤 문장 성분(안김, 종속절)으로 참여한 것이 아니고 그와 대등한 지위(안음, 대등절)로 참여한 것이다. 이러할 경우, 한국어나 중국어에서는 대등절 속의 목적어의 위치만 바뀌었지 총체적인 대등 표현의 어순은 일치한다.

한편, 예문 ②는 ①과는 달리 내포에 의해서 만들어진 복문(複文)이다. 첫 번째 예문을 보면 '형이 온다(오기를)'가 '우리는(누구를) 기다린다'라는 문장의 한 부분으로, 즉 목적어(목적절)라는 한 문장 성분으로 참여하고 있음을 볼 수 있다. 다음 예문의 '대학생들이 운동한다(하는)'는 뒤에 이어지는 명사 '모습'을 꾸며 주는 관형어(관형절)로 참여하고 있으며, 세 번째 예문의 '허리가 끊어지다(끊어지도록)'는 서술 동사 '웃었다'를 꾸며 주는 부사어(부사절)로 참여하고 있는 것이다.

예문 ②와 같은 복문 형식은 중국어에서도 흔히 볼 수 있으며, 비록 세부적인 어순의 차이가 있기는 하지만 이처럼 개개의 문장 성분의 접속이나 내포를 통해 많은 내용을 담은 긴 문장으로 연결될 수 있다. 이는 한·중 양 국어의 공통적인 문장 구성 양식이라 할 수 있다.

3) 존대의 표현〔敬語法〕

한국어는 존대할 대상에 대한 화자의 입장이 체계적으로 문장에 반영되어 표현된다. 곧 높이거나 낮추거나 하는, 존비(尊卑)의 상황에 맞게 문법적 장치를 마련하는 것이다. 이런 존대법을 그 형태나 방식에 따라 존경법, 공손법, 겸양법의 세 종류로 나눈다. 종류별로 든 아래 예문을 검토해 보기로 한다.

① 철수가 말한다/말했다.

　哲秀在說話/哲秀說过了。

　아버님께서 말씀하신다/말씀하셨다.

　爸爸在說話/爸爸**說過了**。

② 나는 가(아)>가네>가오.

　我走了。

　제가 가겠습니다/갑니다.

　我去。

③ 한 말씀만 더 묻겠습니다>여쭐겠습니다/드리겠습니다/올리겠습니다.

　我想再**請教**一个問題>我想再**請教**一个問題/我想再**請教**一个問題/我想

　再**請教**一个問題

④ 앉아>앉아라>앉지>앉게>앉으오>앉으세요>앉으십시오/(좌정하십시오)

　坐(吧)>坐(吧)>坐(吧)>坐(吧)>坐(吧)>請坐>請坐/(請入席)

위 예문을 통해, 한국어에서는 존대의 정도가 분명한 데 비해 중국어에서는 거의 차이가 없음을 알 수 있다. 한국어의 '말'과 '말씀'이 중국어에서는 '說話'의 한 가지로 쓰이고, '가다'와 '갑니다' 역시 '走/去'로 존대의 뜻은 따로 부가되지 않는다.

한국어 예문 ①은 가장 많이 쓰이는 **주체 존대법**으로, 화자가 문장의 주체(주어)에 대하여 가지는 존경의 표시이다. 이처럼 주체를 높일 경우는 통상 존칭을 뜻하는 선행어미 '-시-'를 넣어 표현하게 된다. 이런 존칭은 어휘 자체에도 적용되어 '말'은 '말씀'으로 교체시킨다.

②의 예는 상대 존대에 해당하는 **공손법**으로, 화자가 청자를 대하는 태도와 관련된 존대법이다. 이런 경어는 상대와의 사이에 친소 정도, 상하 관계, 격식 등에 따라 '하십시오>하시오>하오>해요>하게>해' 등의 다양한 어법으로 나누어진다. 하지만 중국어 대역을 통해서는 이런 미세한 차이를 감지해 내기는 불가능하다.

③의 예는 객체 존대에 해당하는 겸양법의 하나로, 화자가 대상이 되는 인물인 객체에 대해서 가지는 태도와 관련된 존대법이다. 옛날 한국어에서는 '-옵-'과 같은 선어말어미가 쓰였다. 하지만 현대어에서는 대부분 퇴화되어 '여쭙다, 뵙다, 하옵시니'와 같은 어법 예에서만 그 흔적을 볼 수 있다. 중국어에도 예문 ③의 대역에서 보이는 '請敎'가 한국어의 '여쭙다'에 해당하는 겸양의 표시가 아닌가 한다.

예문 ④는 상대 존대법의 일종으로, 명령문에서 상대방의 신분이나 지위에 따라 어투가 다양하게 달라지는 예를 보여 준다. 한국어는 7단계 정도의 어투가 쓰이는 반면, 중국어에서는 '坐(吧)'와 '請坐', '請入坐' 정도의 두세 단계의 어투가 쓰인다.

한국어 존대법은 이 같은 문법 장치 이외에도 앞서 든 '말'과 '말씀'의 관계에서처럼 어휘 선택에서도 적용된다. 이를테면 일상 먹는 '밥'도 윗분이 드시면 '진지'가 된다. 뿐만 아니라 상감마마가 드시면 '수라'가 되고, 돌아가신 조상님이 드시면 '뫼'가 되기도 한다. 또 존대 어휘에 이어지는 서술 동사도 '먹다'에서 '드시다/자시다'로 되고, 특별한 경우에는 '저시다/뫼시다'로까지 발전한다. '병(病), 아버지/어머니, 몸, 낯/얼굴, 편지' 따위의 보통어에 대해서 '병환, 부친/모친, 신체, 안면, 서신, …' 등이 존대 어휘들이다. 이들은 대체로 고유어에 비해 한자어를 존대 어휘로 대접해 준다.

한국어 존대법에는 어휘 요소만이 아니다. 조사나 어미를 비롯한 접사 따위의 문법 요소에서도 존대의 의미를 부가시킬 수 있다. 이를테면 '-가/이/에서'가 쓰이는 주격 조사에, 상대에 따라 '-께/께서'와 같은 높임을 나타내는 조사를 붙인다. 또 상대방 호칭 뒤에 '-님'이라는 존칭 접미사가 붙을 수도 있다. 그런가 하면 어떤 성분 아래서나 연결할 수 있는, '-요, -말입니다'와 같은 어미들도 대화에서 자주 쓰이는 용법이다.

이처럼 한국어는 존대를 위한 어휘적, 문법적 장치를 두루 갖추고 있는 언어라 할 수 있다. 이러한 존대법은 생활 속에서 어려서부터 배워 익힌 한국인들에게는 아주 자연스러운 일이다. 그러나 이를 처음 대하는 중국 인들에게는 어색하고 생소하여 이를 제대로 가려 쓰기에 많은 불편을 느낄 것이다.

한편, 중국어의 존대법은 비교적 단순하다. 한국어처럼 체계화되어 있지 않으면서 구어(口語)보다는 문어(文語)에서 상대적으로 더 많이 쓰인다. 앞서 본 바와 같이 한국어에서는 어미 활용이나 조사 및 접사 등의 문법적 장치나 어휘 선택에 의해 존대 의사를 나타낸다. 반면, 중국어는 주로 어휘에 의해 존대의 의미를 부가시킨다. 일상생활에 자주 등장하는 중국어의 존대 표현을 찾아보도록 한다.

중국어의 경어, 곧 존대법은 명사·대명사·동사 등의 어휘에 두루 분포되어 사용된다. 중국어에서는 존대·공손·겸양의 뜻을 지닌 어소(語素)가 있고, 이 어소가 일반 어휘와 결합하여(조사공능(造詞功能)) 존대의 의미를 지닌 어휘로 재생된다. 존대의 의미를 나타내는 어소를 품사별로 몇 예를 들어 보인다.

① 명사

令 : 令尊　令堂　令兄　令妹　令郎　令愛

高 : 高見　高論　高足　高壽　高齡　高就　高手

貴 : 貴姓　貴校　貴國　貴賓　貴客

大 : 大駕　大名　大作

華 : 華誕　華厦

賢 : 賢弟　賢侄

拙 : 拙著　拙作　拙見

② 대명사

您 : 您　您二位　您几位

位 : 諸位　這位　那位　哪位

敝 : 敝人　敝姓　敝處　敝校

③ 동사

惠 : 惠臨　惠顧　惠存　惠贈　惠允

垂 : 垂問　垂詢　垂念　垂愛

賜 : 賜教　賜膳　賜复

奉 : 奉送　奉還　奉勸　奉陪

請 : 請問　請教

담화·화용(話用) 면에서

최근 언어 연구에서 '화용론(話用論, Pragmatics)'이 새롭게 주목받고 있다. 이 분야는 언어 단위의 고유한 의미보다는 그 언어가 사용되는 상황(狀況)이나 맥락[話脈]에 초점을 맞춘다. 곧 '누가, 누구에게, 언제, 어디서, 어떤 목적으로 언어를 사용하는지'에 대한 발화의 의미를 파악해 보는 분야이다. 화용론이란, 곧 언어가 사용되는 '맥락(Context)'에 기대어 발화의 의미를 풀어내는 일종의 열쇠인 셈이다.

1. 언어 습관에 의한 표현의 차이

동일한 어휘나 문장이 구어적(口語的) 상황에서는 문어적(文語的) 본의(本意)와는 차이를 나타낸다. 상황이나 맥락이 중시되는 화용론적 의미는 한·중 간 공유하는 동일 의미의 어휘들에서도 그대로 적용된다. 일부 단어는 그 뜻이 같지만 활용에 있어서 차이를 보이는 예가 있다.

한국어의 '아빠'는 중국어의 '爸爸'와 의미상 대응된다. '아빠'라는 말은 일반적으로 아버지[父]에 대한 유아어로 인식된다. 그러나 때로 여성이 자신의 남편을 지칭하는 말이 될 수도 있다. 군이 기원을 따진다면 '아이의 아빠'란 말에서 아이(자신의)가 생략된 호칭어일 것이다. 또한 '아버님'이나 '어머님'이란 호칭은 자신의 부모님은 물론 연세가 비슷한 타인의 부모님에 대해서도 동일하게 사용될 수 있다.

한국어의 이 같은 사정을 도외시하고 중국에서 '아빠, 아버님'을 '爸爸'로, '엄마, 어머님'을 '媽媽'로만 이해하거나 번역한다면 이는 오류가 될 수도 있다. 왜냐하면 중국어에서 '爸爸'를 수식어 없이 사용하면 대개 자신의 아빠만을 지칭하게 되고, 상대방 아빠의 경우는 '你爸'라 부른다. 또한 애 아빠를 가리킬 때는 '孩子他爹', 혹은 '孩子他爸'라고 해야 맞는 표현이다.

중국어의 '年輕'은 한국어의 '젊다'란 말에 해당된다. '年輕人, 年輕的朋友, 年輕又漂亮'는 각각 '젊은 사람, 젊은 친구, 젊고도 예쁘다'로 옮길 수 있다. 하지만 쉽게 번역될 수 없는 예도 있다. 중국어 "你顯得年輕啊!"를 "젊어 보이네요!"라고 한국어로 옮긴다면 한국 여성들은 아마도 거부감을 느끼게 될 것이다. 왜냐하면 '젊어 보인다'는 말은 실제로 늙었음을 전제로 하고 있기 때문이다. 그래서 차라리 "어려 보이네요."라며 그 정도를 더 낮추어 쓰면 어떨까 한다. "어려 보이네요."를 "你顯得小。"로 직역한다면 중국인들은 '아직 어리다.' 혹은 '아직 철이 덜 들었다.'는 의미로 받아들이게 된다.

한·중 간 언어 활용의 차이는 호칭어에서도 잘 드러난다. '한혜진'이란 이름을 가진 여성이 있다고 하면, 보통의 경우 동급의 남학생들은 "혜진아!"라 부르지 "한혜진!"이라고 성까지 붙여 부르진 않는다. 반면, 중국에서는 '韓慧珍'을 '慧珍, 珍珍, 阿珍, 珍' 등으로 함부로 부르지는 않는다. 남학생의 경우라면 통상 성(姓)을 붙여 "韓慧珍!"이라 부르지만 '慧珍, 珍珍, 阿珍' 등의 호칭은 특별히 절친한 사이이거나 같은 여성 사이에서나 사용된다. 이 같은 단음절 호칭어는 통상적으로 연인들 사이에서 애용된다. 때문에 별로 가깝지도 않은 남학생이 '慧珍, 珍珍, 阿珍, 珍' 등으로 불렀을 때는 주변의 괜한 오해를 불러일으킬 수도 있다.

　같거나 비슷한 의사 표시에서도 언어 습관상 한·중 양 국어 간에 미세한 차이가 발견된다. 이를테면 한국어의 '한 마디'는 중국어의 '두 마디(兩句)'에 해당한다. 곧 "제가 한 마디 하겠습니다."라는 한국어는 중국어의 "我說兩句。", 곧 "제가 두 마디 하겠습니다."가 되는 것이다. 그런가 하면 두 언어 간 전혀 다른 표현이 공교롭게도 동일하거나 유사한 뜻으로 쓰일 수도 있다. 예컨대 현실에서 이룰 수 없는 일을 하려는 상대에게, "너 꿈깨!"라는 말은 중국어에서는 "你做夢吧!", 곧 "너 꿈을 꾸어라!"가 되어 전혀 다른 의미가 되고 만다.

　무심코 주고받는 예사로운 인사말에도 상이점(相異點)이 드러난다. "언제 시간이 되면 소주나 한잔 합시다." — 친한 사이에 인사치레로 흔히 쓰이는 말이다. 이 말을 중국인이 들었다면 그는 자신을 초대할 의향이 있다는 뜻으로 받아들였을 줄 모른다. 중국말에 이와 유사한 "哪天有空咱們一起喝杯酒。"라는 표현이 있다. 한국어에서는 이런 표현이 중국어의 "吃了嗎?" 식으로 인사말로 사용되는 반면, 중국어에서는 주로 상대방과의 약속으로 사용되기 때문이다.

　줄여서 말하는 '축약법(縮約法)'이나 숫자를 읽는 '산법(算法)'에서도 상이점이 있다. 한국어라면 '북경대학교'를 '북경대'라 하겠지만 중국에서는 보통 '北大(북대)'라 부른다. 숫자를 읽을 때도, 예컨대 '204'를 한국어라면 '이백사'로 읽겠지만 중국어에서는 통상 '二百零四', 곧 '이백공사'라 읽는다.

　이 같은 상이점은 논문이나 보고서, 서신, 또는 강연이나 연설 따위의 문어체(文語體) 문장에서도 발견된다. 개인적인 주장을 내세울 때, 한국어라면 중국어에서처럼 "저희들은 …라고 생각합니다."라든가, "저희들의 의견은 …"과 같은 말 대신 일반적으로 "필자의 소견은 …"이라는 표현을 쓴다. 곧 "我們認爲, 我們主張"에서 보듯 가급적 '我' 대신 '我們'을 즐겨 쓰는 것이다. '我們'을 사용함으로써 자신을 직접 드러내지 않고 보다 겸손함을 나타내려 함이다. 이러한 차이점은 양국 언어의 상호 이해라는 차원에서 매우 중요하다. 한·중 상호 간 문화적 의사소통이나 통·번역, 그리고 양 국어의 교육 현장에서도 충분히 반영되어야 할 사항들이다.

2. 사유 및 인식의 차이

양국의 언중(言衆)들은 언어 표현 이전의 사유나 언어 인식에서도 상이점을 보인다. 사유(思惟)나 발상 면에서 본 두 나라 언어의 차이점을 몇 가지 관점에서 살펴보기로 한다.

1) 주·객관적 관점의 차이

상호 주고받는 대화에서도 한국어는 객체적 성향이 짙은 데 반하여 중국어는 주체적 성향이 강한 편이다. 아래 예문을 통하여 한·중 양 국어가 보여 주는 사유의 차이를 엿볼 수 있다.

① • 나의 큰 동생

    我大弟 → 我二弟

(나의 큰 동생 → 나의 둘째 동생)

- 너의 큰 삼촌

  你大叔叔 → 你四叔

  (너의 큰 삼촌 → 너의 넷째 삼촌)

② 새해 복 많이 받으십시오.

我給大家拜年了!

(제가 새해에 인사를 드립니다.)

③ 여보세요.

我說。

(내가 말한다.)

④ • 두부 사세요!,

　賣豆腐了!

　(두부를 팝니다!)

- 콩나물 사세요!

　賣豆芽了!

　(콩나물을 팝니다!)

⑤ 너 죽는다!

整死你!

(너를 죽여 버리겠다!)

⑥ 교수님께서 귀중한 시간을 내주셔서 감사합니다.

老師, 我占用了您宝貴的時間, 眞不好意思。

(제가 교수님의 귀중한 시간을 빼앗아 정말 죄송합니다.)

①의 예는 친족 간 호칭어의 차이를 보인 것이다. 한국에서는 친척 사이

의 서열에 자신을 포함시키지 않는 데 반해 중국에서는 이를 포함시키고 있음을 본다. 곧 한국어에서는 자신의 큰 동생을 '나의 큰 동생'으로, 자녀들의 큰 삼촌을 '너의 큰 삼촌' 식으로 호칭한다. 하지만 중국어에서 남에게 자신의 큰 동생을 '我大弟', 곧 나의 큰 동생이라 하지 않고 '我二弟', 곧 나의 둘째 동생이라 칭하는 것이다. 또 아버지가 5형제 중 셋째로서, 자녀들 앞에서 자신의 큰 동생을 지칭할 때 '你大叔叔', 곧 너의 큰 삼촌이라 하지 않고 '你四叔', 곧 너의 넷째 삼촌이라고 지칭하는 것이다.

②의 예는 한국에서의 통상적인 새해 인사말이다. '복 많이 받으라.'는 표현은 인사 받는 상대에 대해 어떻게 해달라는 식의 부탁이요, 일종의 주문 형식이다. 그런데 "我給大家拜年了!" 곧 "제가 새해에 인사를 드립니다."라는 인사말은 인사하는 당사자가 무엇을 어떻게 하고 있다는 주동적인 표현이다.

③은 상대를 부르거나 주변을 향해 주목을 요청할 때 하는 말이다. "여보세요."는 '여기 보세요.'의 준말로서 상대방더러 자기 쪽을 봐 달라는 부탁이다. 이에 반해 '我說。'이란 중국어는 '내가 말하려 한다.'는 뜻으로 주동적인 표현이라 할 수 있다..

④의 예 "두부 사세요!"나 "콩나물 사세요!"는 한국에서 물건을 팔 때 큰소리로 외치는 말이다. 같은 상황이지만 "賣豆腐了!(두부를 팝니다!)"나 "賣豆芽了!(콩나물을 팝니다!)"는 중국어 표현은 남에게 무엇을 요구하기보다는 물건을 팔고 있는 자신의 행위를 알리고 있을 뿐이다.

⑤의 "너 죽는다!"와 "整死你!(너를 죽여 버리겠다!)"는 모두 상대를 위협할 때 하는 말이다. 이런 한마디 협박도 한국어가 다분히 객관적인 정황을 나타내는 데 반하여 중국어는 주관적 의지를 나타내고 있음을 보여 준다.

⑥의 예는 대학에서 상담을 끝낸 학생이 교수께 하는 인사말이다. '시간

을 내주어 감사하다.'는 상대방의 배려에 역점을 둔 표현이다. 이와는 달리 "我占用了您寶貴的時間, 眞不好意思。(제가 귀한 시간을 빼앗아 정말 죄송합니다.)"는 표현은 자기 자신과 관련되는 사연에 중심을 두고 있다. 이처럼 한국어가 객체성 사유의 영향으로 청자에 비중을 두고 있음에 반해 중국어는 주체성 사유의 영향으로, 상대적으로 화자에 초점을 맞추고 있음을 지적할 수 있다.

2) 지시 대명사 기준점의 차이

한국어에서 관형사 '이-, 그-, 저-'는 여러 명사와 결합하여 지시 대명사로 쓰인다. 사람을 지칭한다면 '이분(이), 그분(이), 저분(이)'이 되겠고, 사물을 지시한다면 '이것, 그것, 저것'으로, 장소를 지시한다면 '이곳(여기), 그곳(거기), 저곳(저기)'이 될 것이다. 그런데 한국어 지시 대명사는 그 지시하는 기준점이 중국어에 비해 비교적 고정되어 있다.

중국어에서는 화자의 발화 시의 상황이나 기분에 따라 시간, 공간의 기준점이 상대적으로 변화하는 수가 있다. 한국어의 '이-'에 해당하는 '這'의 사용 예만 보아도 알 수 있다. 중국어에서는 시간, 공간적으로 아무리 길고 멀다고 해도 화자의 정서상으로 가깝게 느껴질 때나 혹은 그 상황을 강조하려고 할 때 '這'를 사용하는 것이다. 아래 예문을 보도록 하자.

큰아버지가 돌아가시던 그해 정월의 어느 토요일 오후에 아버지와 어머니는 나를 데리고 큰아버지 댁에 가셨다. 그때는 매주 주말이 되면 우리 세 자매가 번갈아 가면서 부모님을 따라 큰아버지 댁으로 가서 함께 시간을 보내곤 하였다. 그날 저녁 만찬 석상에서 큰아버지는 내게 『수호전』에 나오는 이야기와 인물에 대한 이야기를 꺼내셨다.

就在伯父逝世那一年的正月里, 有一天, 是星期六的下午, 爸爸媽媽帶我到
伯父家里去。那時候每到周末, 我們姐妹三个輪流跟着爸爸媽媽到伯父家去團
聚。這一天在晚餐桌上,伯父跟我談起『水滸傳』里的故事和人物。

상기 예문에서 '그날'이 가리키는 날은 '큰아버지가 돌아가시던 그해 정
월의 어느 토요일'이라는 과거의 시간이다. 한국어라면 이런 상황에서 객
관적인 표현으로 '그날'이라는 지시 대명사를 썼을 것이다. 하지만 중국어
에서는 '那一天' 대신에 '這一天(이날)'이란 표현을 사용하고 있다. 시간의
기준점이 옮겨 간 것이다. 또 다른 예문을 보도록 하자.

갑자기 일진광풍이 밀어닥치듯 저 멀리 구릉 위로 한 무리의 말 떼가 나
타났다. 말에 올라탄 남녀노소는 각양각색의 옷을 차려 입었는데 말 떼가 질
주하고, 옷깃은 휘날리고, 요대는 춤을 추는 광경이 마치 한 줄기 무지개가
우리를 향해 날아오는 듯했다. 그것은 주인들이 멀리서 오는 손님을 맞기 위
해 몇십 리 밖에까지 마중을 나온 것이었다.

忽然, 像被一陣風吹來的, 遠處的小丘上出現了一群馬, 馬上的男女老少穿
着各色的衣裳, 群馬疾馳, 襟飄帶舞, 像一條彩虹向我們飛過來。這是主人來
到几十里外歡迎遠客。

위 예문에서 '그것'이란 지시어는 '저 멀리에 나타난 상황'의 묘사이
다. 하지만 동일한 상황 하에 중국어에서는 '那(그것)'를 사용하지 않고
'這(이)'를 사용하고 있다. 화자로부터 비록 먼 곳에 나타난 상황이지만
150km를 달려온 화자의 마음속에는 그 거리가 아주 가깝게 느껴진 것이

다. 이런 표현은 공간적 기준점이 이동한 경우이다.

중국어에서 '來/去'의 사용례도 마찬가지이다. '來/去'의 기준점도 본래 화자 쪽에 주어지지만 그때그때 화자의 발화 의도나 기분에 따라 그 기준점이 반대쪽으로 옮겨갈 수도 있다. 이를테면 전화 통화 시 상대방에게 "你能不能馬上來？"라고 물으면 "我馬上去。" 혹은 "我馬上來。"라고 대답한다. 물론 의미상 뉘앙스의 차이가 있긴 하지만 "我馬上來。"라 답할 때는 그 기준점이 화자의 의도에 따라 청자 쪽으로 옮겨 간 것만은 분명하다.

양 국어의 방언 차이에서

　의사소통 과정에서 대화 상대가 어느 방언권에서 태어났으며, 지금은 어떤 방언을 구사하고 있는지에 대해서는 사전에 예측하기 어렵다. 더구나 방언 차이가 극심한 중국어로 의사소통을 한다는 것은 사실 불가능에 가깝다. 성조의 차이도 그렇지만 그보다는 어휘의 차이가 더 부각되기 때문이다.

　중국어에서 한 예를 들어 본다. 차에서 내릴 때 북방에서는 보통 '하차(下車)'라는 말을 쓴다. 그러나 남방의 광동(廣東) 지역에서는 공공장소나 안내 방송에서까지 '낙차(落車)'라는 말을 주로 사용한다. 따라서 '낙차'라는 말을 처음 대하는 북방 사람들은 그 말뜻을 잘 몰라 당황하게 된다.

　앞서도 말했지만, 특히 문제가 되는 지역은 사회 체제나 문화 환경이 판이한 중국 대만과 홍콩이다. 두 지역은 수십 년간 중국 대륙과의 교류가 단절되어 왔기에 이 같은 이질감이 심화될 수밖에 없었다. 어휘 면에서도 두 지역은 전통적인 중국어를 계승해 오면서도 동시에 지역 발전의 수요에 따라 많은 외래어를 받아들이고 독자적인 신조어(新造語)를 만들어 내게 되었다.

　1980년대 들어 중국 대륙에서는 개혁 · 개방을 선포하고 이를 통해 급 속한 경제 발전을 이루게 되었다. 이런 과정에서 대륙의 동부와 서부, 그리고 북부와 남부 지역이 발전 정도의 불균형으로 인해 어휘 면에서 큰 차이를 보이게 되었다. 예를 들어, 광동성의 경제 특구 지역에서는 '蛇頭, 屈蛇, 太空人, 回流人士' 등과 같은 새로운 어휘가 사용되는 반면, 내륙이나 낙후된 지역에서는 이러한 신조어를 알지 못한다는 데 문제가 있다.

정도는 중국어만 못하지만 한국어에도 이런 지역방언이 존재한다. 거시적인 안목에서 두 나라의 방언 차이를 몇 가지 면에서 다음과 같이 정리해 보려 한다.

우선, 두 나라는 방언 사용 지역의 범위가 비교되지 않는다는 점이다. 주지하는 대로 중국의 국토 면적은 한국보다 100배 정도나 넓다. 대부분 중국의 한 개의 성(省)이 한국의 영토보다도 넓을 정도이다. 이 같은 면적의 차이에도 불구하고 한국과 중국은 공히 6~7개 정도의 방언 구획을 설정하고 있다. 따라서 한국어의 방언 차이와 중국어의 그것은 상호 비교 대상이 되지 못함이 자명하다.

다음으로, 방언을 사용하는 인구 규모 역시 큰 차이가 있다. 한반도(조선반도)의 인구는 한국과 조선을 합쳐봐야 7000만 정도를 넘지 않지만 중국의 인구는 무려 13억을 넘어 세계 최대를 자랑한다. 한국의 지역방언 인구를 보면, 섬 제주도를 제외하고 경상도 방언과 경기도 방언이 상대적으로 다소 많기는 하다. 하지만 여타의 방언, 곧 전라도 방언, 충청도 방언, 그리고 조선의 평안도 방언이나 함경도 방언도 모두 엇비슷한 인구를 유지한다.

한국어 방언의 사용 인구가 이처럼 서로 비슷한 데 반해 중국어의 그것은 전혀 사정이 다르다. 곧 표준어로 삼고 있는 북방방언이 단연 우세하고 여타의 지역방언은 고작 30% 정도 되는, 그야말로 '소수 방언'에 지나지 않는다. 하지만 규모가 가장 작은 '감방언(贛方言)'이라 할지라도 그 사용 인구가 몇천만 명이나 된다는 사실이다.

그 다음으로, 중국어 방언은 한국어 방언에 비해 음운, 성조, 어휘에서 심지어 문법 체계에 이르기까지 현저한 차이를 보인다는 점이다. 지역 간 의사소통에서 억지로 표준어를 구사한다 하더라도 지역 고유의 어휘나 성조는 물론 발음 자체에서 한계를 드러내게 된다.

다음으로, 한·중 각 방언의 영향력에 대해서 생각해 볼 수 있다. 한국의 경우, 수도권을 제외하고 현저한 영향력을 가진 지역방언은 찾아볼 수가 없다. 그런 이유로 한국인이나 외국인들이 사업이나 취업 등의 목적으로 특정 지역의 방언을 일부러 배우려고 하지 않는다.

하지만 중국의 사정은 이와는 대조된다. 일례를 들면, '오방언'을 주로 사용하는 상하이 지역이나 '월방언'을 주로 사용하는 홍콩·광저우·심천 지역은 중국 경제 발전의 중심지이다. 때문에 이들 현지 방언이 표준말인 푸퉁화를 제칠 만큼 막강한 영향력을 과시한다. 이런 이유로 국제 무역이나 취업을 염두에 두는 내국인이나 외국인들이 해당 지역의 방언을 배우려고 한다.

실지로 중국에 진출한 한국계 기업체에서도 대학의 '한국어학과' 졸업생을 선발할 때 한국어와 푸퉁화 이외에도 현지 방언을 구사할 수 있는 사람을 선호한다. 그만큼 현지 방언이 보급되어 있고 실생활에서 통용되고 있다는 사실을 입증해 준다. 한·중 양 국어의 이 같은 방언 차이는 두 언어의 문화적 차이, 국토 면적의 차이, 사용 인구의 차이, 방언 지역의 경제력 차이 등에서 그 요인을 찾아볼 수 있다.

양 국어의 언어 규범에서

1. 한국어의 어문정책

어떤 언어든 간에 한 국가 안에서 언어생활의 질서를 바로잡기 위해 일정한 언어 규범을 마련해야 한다. 한국어나 중국어도 이에 예외일 수는 없다. 한국어의 규범에는 표준어와 표준 발음, 바른 표기법을 위한 '한글맞춤법', 그리고 다른 언어의 표기를 위한 '외래어 표기법'과 한국어의 '로마자 표기법' 등을 별도로 마련하고 있다.

먼저, **표준어 규정**(1988년 제정)에 의하면 한국어 표준말은 "교양 있는 사람들이 두루 쓰는 현대 서울말로 한다."고 규정하였다. 한국어의 표준어는 시기적으로는 '현대'로 잡고, 사회·계층적으로는 '교양인'을 표본으로, 지역적으로는 수도가 있는 '서울말'을 표준으로 삼는다고 하였다. 그래서 어떤 어휘가 표준어인지를 알아보려면 한국의 '국립국어연구원'에서 펴낸 『표준국어대사전』(1999년)이 참고가 된다. **표준 발음법**은 표준어의 정확한 발음을 위하여 마련한 규정이다. '한글맞춤법'에 따라 한국어를 바르게 표기하는 일 못지않게 바르게 발음하는 일도 교양인이 갖추어야 필수 요건이다.

한글맞춤법은 한국어를 '한글'로 적을 때에 지켜야 할 기준을 정해 놓은 정서법(正書法, Orthography)이다. 맞춤법이란, 철자법에 대한 새로 만든 조어(造語)인데, 이는 철자(綴字, Spelling)하는 법, 즉 글자를 바르게 표기하는 법이다. 한글 표기는 형태소의 본 모습, 곧 원형(原形)을 밝혀서 어법대로 적는 방법과 소리대로 적는 방법의 두 가지가 있을 수 있다. 한글맞춤법의 역사는 이 둘 중에서 어느 것이 자국어의 실정에 더 합당한가를 가려 내려온 역사라 해도 과언은 아니다.

한글표기법에는 띄어쓰기와 문장부호 사용법을 포함시키고 있다. 한글맞춤법의 강령에서도 "각 낱말은 띄어 쓰되, 토는 윗말에 붙여 쓴다."고 하였다. 이처럼 한국어는 단어를 나열할 때 띄어쓰기를 중시한다. 이 점에서도 한·중 양 국어의 어문(語文)상의 차이점을 볼 수 있다. 곧 띄어 쓴 글에 익숙해진 한국인이 빽빽하게 붙여 쓴 중국 어문을 대할 때면 왠지 답답함을 느낀다. 문장 해독에 있어 띄어쓰기를 하지 않아도 별로 지장을 받지 않는 중국어의 특수성을 이해하지 못하는 것이다.

한자로 형성된 말, 곧 한자어가 한국어 어휘의 대종을 이룬다고 했다. 그런 만큼 한자의 표기 여부가 한국인의 문자생활에 논란을 가져왔다. 이는 한국만이 아니라 일본과 같은 한자문명권 국가의 공통 사안일 것이다. 두 나라는 이전의 한자·한문의 표기에서 한자와 자국 문자를 병기(倂記)하는 과정을 거친다. 그러면서 점차 자국 문자 표기 위주로 나아가고 있다.

한국의 학계는 그 동안 '한글전용론'과 '국한문 혼용론'의 두 갈래로 갈려 오랫동안 대립하여 왔다. 현재는 한글을 위주로 하되 필요에 따라 괄호 속에 한자를 병기하는, 일종의 '절충식'을 택하고 있다. 이는 그 동안 줄기차게 펼쳐 온 '한글전용운동'의 결과이기도 하지만, 반면 최근 들어 한자 및 한문 교육의 부활론이 대중적 호응을 얻고 있음 또한 주목할 만하다.

외국어 내지는 외래어를 자국어로 옮길 때 가장 이상적인 방법은 가능하면 원어(原語)의 원음(原音)에 가깝도록 표기하는 것이다. 아마도 자국어와 음운 체계가 다른 외국어를 원음(原音)에 가깝게 표기하는 데는 한계가 있을 것이다.

외래어 표기법(1986년)은 외래어를 한국어로 적을 때 지켜야 할 사항을 규정한다. 가령 영어 'Radio'를 한글로는 '레이디오, 래디오, 라지오, 라디오' 등 여러 형태로 적을 수 있다. 이런 혼란을 막기 위해 하나의 통일된 표기가 필요한데, 이를 규정하는 법이 바로 '외래어 표기법'인 것이다. 한국어의 외래어 표기법은 1음운에 1기호로 표기함을 원칙으로 하며, 현용(現用) 24자의 자모(字母)만을 사용한다. 그리고 외래어 표기에서 받침에는 'ㄱ, ㄴ, ㄹ, ㅁ, ㅂ, ㅅ'만을 사용하도록 하였다.

한국어의 **로마자 표기법**(2000년)은 외래어 표기법과 마찬가지로 1음운 1기호의 대응을 원칙으로 하고, 현용 표준 발음에 따라 적되 로마자 이외의 부호는 쓰지 않기로 하였다. 그러나 외래어 표기법이 외국어를 원음대로 충실히 반영하기 어렵듯 로마자 표기법도 마찬가지일 것이다. 한국어를 문자와 음운 체계가 다른 로마자로 적어 외국인에게 전하는 것이므로 불가피하게 발음과 표기가 일치하지 않는 경우가 생길 수도 있다.

2. 중국어의 어문정책

1) 중국어 규범화의 배경

여느 나라와 마찬가지로, 중국의 어문정책도 현대 중국어의 언어 규범을 명확히 밝히고 이를 널리 인민 대중에게 주지시켜 일상에서 원활한 언어생활을 영위해 나가려 하는 데 있다. 중국어의 표준어 규정은 특히 표준 발음에 중점을 둔다. 현대 중국어의 규범화 정책에서 강조하고 있는 내용을 다음과 같이 요약할 수 있다.

첫째로, 언어는 끊임없이 발전·변천한다는 사실을 전제로 한다. 생성 당시부터 규범화와는 거리가 먼 언어라 할지라도 시간의 흐름에 따라 자연 합리적인 현상으로 변모하게 된다. 이를테면 50년대 『語法修辭講話』(呂淑湘, 朱德熙)에서 '勞動改造'를 '勞改'로 약칭할 수 없다는 규정을 내린 바 있다. 당시로서는 그럴 만한 이유가 있었던 것인데, 이 약칭이 지금은 자연스럽게 수용되고 있다. 언어의 변화·발전의 한 결과일 터이다. 만약 당시의 규범을 긍정하고 현 규범을 부정한다면 그것은 "낡은 자(尺)로 새 옷을 재는 격"이라 할 수 있다. 반대로, 현재의 규범을 긍정하고 당시의 규범을 부정한다면 이는 마치 사람이 장성한 후 유아 시기의 옷이 작다고 탓하는 것과 다름이 없다.

둘째로, 언어 규범은 논리에 맞거나 옳고 그른 결정이라는 것과는 구분되어야 한다. 표준어와 비표준어 사용이 그 한 예가 된다. 방언을 사용하는 일이 표준어 규범에는 어긋난다 할지라도 이를 전적으로 잘못이라고 단정할 수는 없다. 표준어의 규정에는 중국 대표적인 작가의 작품을 문법의 규범으로 삼고 있는데, 이런 작품 속에도 특이한 방언 용례가 얼마든지 있을 수 있다. 이들 용례는 단순히 수사학(修辭學)의 필요에 의해 동원되었을 뿐이지 본래 한민족(漢民族) 공통의 언어는 아닌 것이다.

셋째로, 실지 행해지는 여러 언어 현상은 전부가 규범에 맞고 합리적인 것은 아니라는 사실이다. 어떤 새로운 이론이 제기될 때 사람에 따라 규범에 맞는다고 하고, 혹자에 따라서는 규범에 어긋난다고 하는 바, 이는 단지 시간적인 검증이 필요한 사항일 것이다.

　오늘날 시행되고 있는 중국어의 어문정책은 크게 두 가지로 집약될 수 있다. 그 하나는 각 지역의 방언을 하나로 통일시키는 '**푸퉁화**(普通話)' 정책이요, 다른 하나는 가짓수가 많고 쓰기 어려운 한자를 간소화시키는 '**간화자**(簡化字)' 정책이다. 중국은 영토가 광대한 만큼 인종 · 지역 간의 방언 차이가 한국어와는 비교도 되지 않는다. 방언 차가 심하다는 말은 각 지역 간 의사소통 능력이 떨어짐을 의미한다. 때문에 전체 국민의 원활한 의사소통과 더불어 사용에 편리한 문자의 재정비는 중국 정부가 당면한 시급한 과제이다.

2) 푸퉁화 및 간화자 정책

　푸퉁화로의 통일은 음성언어상의 정책이라면 간화자(簡化字)의 제정은 문자언어상의 정책이다. 1955년, 중국 정부는 '전국문자개혁회의'를 개최하여 '국어(國語)'를 '푸퉁화'로 개칭하게 된다. 푸퉁화는 북방 방언을 기초 방언으로 하고, 북경 발음을 표준 발음으로 하여 한민족(漢民族)의 공통어로 삼게 하였다. 그리고 여기에 대표적인 현대 백화문(白話文)의 저작물(著作物)을 문법 규범으로 한다는 '표준 문법'을 추가로 제정하였다. 이후 1958년, '전국인민대표대회'에서 '한어병음방안(漢語拼音方案)'을 채택한다. 여기서는 중국어 병음자모(拼音字母)로 과거의 주음자모(注音字母)와 국어 로마자(國語羅馬字)를 대체하여 한자와 푸퉁화를 표기하도록 규정한 것이다.

　간화자의 제정과 보급은 중국어의 역사에서 유래를 찾을 수 없는 획기적인 문자정책이었다. 한자를 표기 수단으로 하는 중국은 오랜 세월 사용해 오던 한자의 '정자(正字, 繁體字)'를 버리고 새로 제정된 '간체자(簡體字)'를 채택하게 된 것이다. '문자혁명'이라고도 할 수 있는 이런 파격적인 어문정책은 정부 수립 후 '문자개혁위원회(文字改革委員會)'와 '국가언어문자공작위원회(國家言語文字工作委員會)'의 주관으로 추진되었다.

중국의 문자개혁은 1964년, 정부고시(2238호)로 2236자에 달하는 '간화자총표(簡化字總表)'를 발표하면서 실현 단계로 들어선다. 1985년에는 '푸통화이독사심음표(普通話异讀詞審音表)'가 제정되었다. 이는 여러 음으로 발음되는 단어에 대해 표준음을 명시한 세부안이다. 아울러 이 표준음을 뒷받침하기 위해 간행된 『현대중국어사전(現代韓語詞典)』은 중국어 규범화의 발판을 마련하는 계기가 되었다.

번체에서 간체로의 전환은 한자의 간이화를 통해 문자의 실용화와 대중화를 실현시켜 문맹 퇴치에 기여하고자 함이었다. 글자의 간소화를 위해 획수를 줄이는 과정에서 여러 방법이 동원되었다. 이를테면 과거에 쓰던 고자(古字)에서부터 약자(略字) 및 속자(俗字), 서체의 초서(草書), 정자의 일부분, 또는 표의 기능마저 상실한 단순 '부호화'로부터 심지어 새로 만들어 낸 신자(新字)에 이르기까지 이 모든 글자가 간화자 제정에 동원된 것이다.

당국의 이 같은 노력의 결과로 실지 한자의 획수는 현저히 줄어들게 되었다. 예를 들면 '豐' 자는 18획에서 4획으로, '廣' 자는 15획에서 3획으로, '擊' 자는 17획에서 5획으로 줄어든 것이다. 이 같은 한자의 간소화 정책은 반세기가 지난 오늘에 이르러 애초에 세웠던 문맹 퇴치나 문자의 대중화란 목적에 어느 정도 부응한 것은 사실이다. 다만 인근 한자문명권에 속한 나라들 간의 소통에 문제점을 낳게 된 것 또한 사실이다.

결 론

　한국과 중국은 대륙에서 반도로 이어지는 지정학적 연고로, 서로 영향을 주고받지 않을 수 없는 숙명적 관계로 맺어져 있다. 이런 연유로 인종이나 언어는 비록 다르다 해도 문화의 많은 분야에서 공통점을 공유하게 되었다. 곧 오랜 세월 지속되어 온 문물 교류를 통하여 의식주 생활 전반으로부터 유불선(儒佛仙) 삼교의 정신세계에 이르기까지 상호 유사한 문화유산을 보유하게 된 것이다.

　여러 문화유산 중 '한자문명권'의 일원으로 한자·한문을 공유한다는 사실이 무엇보다 중요하다. 이로써 한·중 두 나라 언어의 대비(對比)와 상호 이해에 결정적인 도움을 줄 수 있다. 음성 및 문자언어로 대별되는 언어 세계의 한 축을 이루는 문자언어를 두 나라는 다행스럽게 공유하게 된 것이다. 이런 인연으로 한·중·일 3국인들이 한자리에 만났을 때 음성언어로는 불가능하더라도 한자를 이용한 '필담(筆談)'만으로 어느 정도 의사소통이 가능할 수 있다.

　다만, 음성언어에서는 양 국어 사이에 이질적 요소가 너무나 많은 게 사실이다. 그 대표적인 예가 중국어의 성조(聲調)가 될 것이다. 중국어를 처음 대하는 한·일 양 국인은 발음에 따른 성조의 차이를 가장 어려워한다. 웬만큼 중국어를 익힌 사람도 실지 중국인과의 대면에서 이 성조 문제가 걸려 도중에 대화를 포기하는 경우가 많다. 한·일 양 국인의 중국어 학습에 있어 또 하나의 장벽은 어순(語順)일 것이다. 문장에서 개개의 문장 성분이 놓이는 순서로, 이를테면 목적어(혹은 보어)와 서술어의 위치가 한·일 두 나라 언어와는 상치된다는 점이다.

중국어는 고립어(孤立語)로서 형태상으로 굴절을 담당하는 문법 형태소가 발달되지 않았다. 발음상 기본 단위인 음절(音節) 면에서도 차이가 있다. 즉 개·폐음절어(開閉音節語)가 골고루 섞여 있는 한국어와는 달리 중국어에서는 일본어와 마찬가지로 개음절화의 길을 걷는다. 한국어로 말하면 파열음 받침의 발음에 해당하는, 과거의 입성(入聲)이 지금은 모음으로 변질되어 발음되는 현상이 바로 그것이다.

앞서 한·중·일 3국인이 한곳에서 만나면 어느 정도는 한자를 이용한 필담이 가능하다고 했다. 그런데 이 점에서도 문제가 생기게 되었다. 한자의 형태에 변화가 생겼기 때문이다. 이는 곧 1964년 중국 정부의 간화자(簡化字) 선포 이후로 예상치 못한 또 다른 장벽이 생기게 된 것이다. 이제 중국의 젊은 세대는 어릴 적부터 배우지 않았다는 이유로 '번체(繁體)'라 불리는 본래의 한자체(体)를 알지 못한다.

이에 반하여 한국과 일본의 웬만한 식자층들도 새로운 간체(簡體) 한자를 읽지 못한다. 한자 고유의 표의성(表意性)을 포기할 정도로 과도하게 획수가 줄어들고 자체가 변형되었기 때문이다. 물론 어려운 한자를 쉽게 고친다는 취지에서 자체의 획수를 줄일 수밖에 없는 고충은 이해가 가는 부분이다. 여기에 대해서는 어느 누구도 이의를 제기할 수는 없다고 본다. 다만 중국의 한자 간체화로 인해 한·중·일 3국인의 필담 형식의 의사소통이 더욱 어려워졌다는 점이 아쉬움으로 남는다.

그러나 현 상황에서 개선될 방법이 전혀 없는 건 아니다. 중국의 간체자 중에는 한국과 일본에서 쓰는 약자(略字)와 같거나 비슷한 글자가 더러 발견된다. 이처럼 동일하거나 유사한 약자·속자를 재정비하는 일도 3국의 한자 자체의 통일에 한 방편이 될 수도 있다. 이런 노력의 일환이 바로 한자문화권에 속한 나라들의 '한자 공유(漢字共有)'를 향한 바람직한 해결책이 아닐까 한다.

한자는 중국만의 고유문자가 아니라 한자문명권에 속하는 나라들의 공동 문자이다. 동양 3국인이 다 함께 읽고 해독할 수 있는 공통의 문화적 자산이 되어야 한다. 특히 세계가 하나의 지구촌으로 변하는 이 시대에는 더더욱 그러하다. 동양 3국이 역사적으로 한자를 공유해 왔다는 이 천혜(天惠)를 하루아침에 저버리기에는 너무나 아쉬운 바가 있다. 한자 자체(字體)의 통일 문제에 대해서는 향후 해당 삼국의 전문가들이 저마다의 지혜를 모아 보다 바람직한 방향의 해결책을 모색했으면 한다.

미래에는 중국을 중심으로 하는 아시아의 시대, 더 정확히 말하여 한자문명권의 시대가 도래할 것이다. 이런 지구촌 시대를 맞아 국가 간의 공존과 협력은 쌍방 문화의 이해와 수용을 통해서만 가능해진다. 앞에서 전제한 것처럼 언어가 문화에서 차지하는 비중이 큰 만큼 상대방 언어 학습이 필수적이다. 이 같은 언어문화에 대한 수용과 소통이 고유문화 이해의 첩경임을 다시 한번 강조해 두고 싶다.

참고 문헌

김민수 편,『우리말 語源辭典』, 태학사, 1997

서정범,『國語語源辭典』, 보고사, 2000

편찬위,『한국문화 상징사전』, 동아출판사, 1992

이훈종,『민족 생활어 사전』, 한길사, 1995

박영준·최경봉,『관용어사전』, 태학사, 1996

이기문 편,『俗談辭典』, 일조각, 1991

김동소,『쌈빡한 우리말 이야기』, 정림사, 1999

김여수,『언어화 문화』, 철학과현실사, 1997

김영수 역,『禮記(上)·曲禮(上)』, 한국교육출판공사, 1986

김혜숙,『현대국어의 사회언어학적 연구』, 태학사, 1991

김종록,『한국 언어문화론』, 영한문화사, 2002

박갑수,『우리말 사랑 이야기』, 한샘출판사, 1994

박갑천,『재미있는 어원이야기』, 을유문화사, 1995

박일환,『우리말 유래사전』, 우리교육, 1994

박종철 외,『언어와 문화, 그리고 삶』, 도서출판 월인, 2001

백문식,『우리말 뿌리를 찾아서』, 삼광출판사, 1998

신지영 외,『한국어학의 이해』, 지식과 교양, 2012

심재기,『한국 사람의 말과 글』, 지학사, 1985

呂叔湘,『韓語語法分析問題』, 商務印書館, 1979

우현민 역,『論語』, 한국교육출판공사, 1986

이규태,『무엇이 우리를 한국인이게 하는가』, 도서출판 이목, 1992

이기문,『국어 어휘사연구』, 동아출판사, 1991

이어령,『흙속에 저 바람 속에』, 동화출판공사, 1971

정호완,『우리말의 상상력』, 정신세계사, 1991

조항범,『다시 쓴 우리말 어원 이야기』, 한국문원, 1997

최창렬,『우리말 어원연구』, 일지사, 1986

천소영,『부끄러운 아리랑』, 현암사, 1994

──────,『우리말의 문화찾기』, 한국문화사, 2007

──────,『한국어의 문화전통』, 대원사, 2011

허세립,『중국어 의사소통의 화용론적 연구』, 학문사, 2006

J, L, Austin, How to Do Things with Words, Harvard University Press, 1962, 許國章 譯,「論言有所爲」,『語言學譯叢』, 中國社會科學出版社, 1997

Lado, R, Language Testing, London: Longman, 1961

박덕준,「韓中詞語中出現的兩國文化之差異」,『中語中文學』, 제18집, 한국 중어중문학회, 1996

태평무,「언어문화의 차이로부터 본 중한 양국 간의 의사소통의 특징에 대하여」,『의사소통의 비교언어 문화적 접근』, 국제한국언어문화학회 제3차 국제학술대회 논문집, 2006

馬敏,『中國文化敎程』, 華中師范大學出版社, 2002

錢冠連,「語用學大格局」,『外國語言文學』, 제1집, 2003

秦燕, 張啓勳,『中國思想文化槪論』, 西北工業大學出版社, 2002

王鐵昆,「韓語新外來語的文化心理透視」,『語言和文化多學科硏究』, 北京語言學 院出版社, 1993

周小兵,「廣州話地區近期流行的英語音譯詞」,『語言和文化多學科硏究』, 北京語言學院出版社, 1993